일류 사격선수가 되기 위한 최신 사격 가이드!

현대
사격 교본

현대레저연구회편

太乙出版社

트랩 사격장의 사격대

스키트 사격장의 사격대
(사진 위)

트랩 사격장의 사격대
(사진 아래)

머리말

　사격이라고 하면 우리는 두 가지의 측면에서 연상작용을 펼칠 수가 있다. 하나는 전쟁 영화에서 보듯이 총을 앞세우고 전율적인 공포의 살육을 감행하는 일이다. 그리고 또 다른 하나는 그야말로 낭만적이라고 밖에는 표현할 수 없는 숲 속에서의 밀렵을 의미한다.
　물론 이 책에서는 인간을 표적으로 하는 공포의 전율적인 총의 사용에 대해서가 아니라 수렵을 목적으로 하는 보다 낭만적이고 문명적인 사격용 총의 모든 것에 대하여 알기 쉽게 해설하고자 한다.
　여자가 아닌 남자로서는 누구나 다 한번쯤은 총에 대한 호기심과 매력을 느꼈을 줄로 안다. 총이라는 것은 모든 남성에게 있어서(여성에게도 다분히) 상당한 매력을 부여하고 있는 것이 분명하며, 이러한 심미성은 현재에도 미래에도 변함이 없을 것이다.
　그러나 총이라는 물건이 갖는 위험성 때문에 나라에서는 그 소지자를 상당히 제한하고 있다. 물론 오늘날에는 옛날에 비해 많이 완화된 것이 사실이지만 아직도 대다수의 국민들이 수렵용 공기총이나 산탄총에 대한 지식이 부족한 것도 사실이다.
　그런 의미에서 이 책이 갖는 중요성은 총에 대한 올바른 지식과 총을 다루는 정확한 동작과 지식을 함께 보유함으로써 언제 어떻게 도래할 지 모르는 불행을 미연에 방지하고, 나아가 총을 소지하는 문명인으로서의 삶을 즐길 수 있도록 하자는 데 있다.
　총은 좋은 물건이지만, 그것을 잘못 사용할 때에는 엄청난 사고가 생길 수도 있다. 요즘은 수렵의 대중화가 상당히 이루어졌으나 그 질적인 저속화로 말미암아 수렵을 즐기는 소수의 사람들이 사회의 지탄의 대상이 되는 경우가 종종 있다. 수렵은 하나의 완벽한 스포츠이다. 수렵을 할 때에는 언제나 스포츠 정신에 입각하여 행동하지 않으면 안된다. 이것은 어느 누구 한 사람만의 노력으로서는 불가능한 일이다. 모든 수렵인들이 함께 생각하고 함께 공동으로 노력할 때만이 비로소 가능해 질 것이다.

또 한 가지 이 책에서 강조하고자 하는 것은 다름아닌 사격인구의 저변 확대에 있다. 무엇이든지 그에 대한 정확한 지식과 응용법을 갖추고 있지 못하면 그에 대한 활동도 또한 제대로 할 수가 없다. 이 책은 그런 의미에서 사격의 초보자를 위한 올바른 기초 가이드라고 할 수 있다.

기초에서부터 응용에 이르기까지 비교적 자세하게 사격(특히 클레이 사격)의 모든 것을 다루었으므로 평소에 사격에 대하여 관심을 가지고 있었던 독자에게는 다시없는 지침서가 될 줄로 믿는다.   편 자 씀

―목 차―

머리말──── 1

입문편

제 1 장 클레이 사격 소사(小史) ················· 8

머리말 ··· 8
1. 트랩 사격의 역사 ··························· 11
2. 스키트 사격의 역사 ······················· 18

제 2 장 현대의 클레이 사격 ······················· 22

1. 트랩 사격이란 ······························· 22
2. 스키트 사격이란 ··························· 28
3. 사진으로 보는 여러가지 사격 폼 ······ 30

제 3 장 산탄총의 여러가지 ······················ 34

머리말 ·· 34
1. 단발총 ·· 35
2. 수평 2 연총 ·································· 37
3. 상하 2 연총 ·································· 38
4. 자동총 ·· 40
5. 그 외의 자동총 ····························· 43
6. 수동연발총 ··································· 45

제 4 장 산탄총의 기초지식 ······················ 48

1. 총신과 쵸크(조리개) ······················ 48
2. 기관부·안전기·총상 ······················ 57
3. 총의 밸런스에 대해 ······················· 63

제 5 장 산탄 장탄의 기초지식 ································ 65
　1. 장탄 ··· 65
　2. 쇼트 패턴과 쇼트 콜론 ····································· 68
　3. 리드와 스윙 ·· 71

제 6 장 총의 손질에 대해 ·· 76

제 7 장 클레이의 악세서리 ·· 81
　1. 총에 필요한 악세서리 ····································· 81
　2. 클레이 사격의 악세서리 ································· 84

실기편

제 8 장 리드 ·· 90
　1. 바른 리드 ·· 90
　2. 폴로우 드루 슈트 ··· 91
　3. 리드 슈트 ·· 95
　4. 슬로우 슈트 ·· 97
　5. 사법의 병용에 대하여 ··································· 98

제 9 장 스키트 사격의 실기 ·· 101
　실기 전에 ·· 101
　스탠스에 관하여 ··· 102
　1번 사격대의 쏘는 방법 ······································· 104
　　1번 하이 하우스(푸울)/104　1번 로우 하우스(마크)/107
　　1번 더블/110
　2번 사격대 쏘는 방법 ·· 112
　　2번 하이 하우스(푸울)/112　2번 로우 하우스(마크)/114
　　2번 더블/116
　3번 사격대의 쏘는 방법 ······································· 118

　　　　3번 하이 하우스(풀)/118　3번 로우 하우스(마크) / 121　3번 더블/124
　　4번 사격대의 쏘는 방법 ·· 126
　　　　4번 하이 하우스(풀울)/126　4번 로우 하우스(마크)/129
　　5번 사격대의 쏘는 방법 ·· 131
　　　　5번 하이 하우스(푸울)/131　5번 로우 하우스(마크)/131　5번 더블/132
　　6번 사격대의 쏘는 방법 ·· 135
　　　　6번 하이 하우스(푸울)/135　6번 로우 하우스(마크)/137　6번 더블/138
　　7번 사격대의 쏘는 방법 ·· 140
　　　　7번 로우 하우스(마크)/140　7번 하이 하우스(푸울)/142　7번 더블/143
　　8번 사격대의 쏘는 방법 ·· 145
　　　　8번 하이 하우스(푸울)/145　8번 로우 하우스(마크)/147

제10장 트랩 사격의 실기 ·· 150

　　1. 실기 전에 ·· 150
　　2. 트랩 사격의 총에 대하여 ·· 152
　　3. 사격자세와 총구 위치 ··· 156
　　4. 클레이 방출의 타이밍 ··· 159
　　5. 스윙기 기본 ··· 161
　　6. 트랩 클레이 쏘는 방법 ·· 164
　　　　정면의 하이 클레이/166　정면의 로우 클레이/168　왼쪽 하이 클레이/169
　　　　왼쪽의 로우 클레이/171　오른쪽의 하이 클레이/172　오른쪽의 로우 클레이/175
　　7. 초시와 후시의 밸런스 ··· 176
　　8. 후시를 쏘는 방법 ·· 178

제11장 총·장탄 소지와 구입 ··· 180

　　1. 총의 소지와 구입 ·· 180
　　2. 장탄의 구입 ··· 184
　　3. 기능 검정 및 고사의 준비 ·· 184

입문법

산탄총에 의한 수렵 풍경. 왼쪽은 물가에서의 새 수렵. 오른쪽은 들판을 쫓으며 하는 수렵.

제1장

클레이 사격 소사(小史)

머리말

총을 사용하여 즐기는 스포츠에는 수렵과 사격경기 두 가지가 있다. 우선 이 두 가지 스포츠의 원류를 더듬어 보면 우선 총에 의해 수렵이 실시되고 그것이 보급됨에 따라 수렵기술을 닦기 위해 사격경기가 생겼다 라고 말할 수 있을 것이다. 말하자면 '처음에는 헌팅이 있었다'라는 것이다.

그런데 총에 의한 수렵(소위 총렵)이 생활의 수단으로써 보다도 레저로써의 뜻이 강해짐에 따라 사격경기는 스포츠로써의 시민권을 획득했다고 할 수 있을 것이다. 수렵과 사격은 그 내용의 고도화와 함께 별개의 스포츠가 되어 발전해 갔던 것이다.

이 양자는 물론 현재에도 밀접한 관련이 있음은 두말할 필요도 없다. 어느 나라에서나 엽기(獵期)가 정해져 있으므로 비엽기(非獵期) 즉, 오프 시즌에는 사격의 솜씨가 떨어지지 않도록 연습하거나 또 출엽할 수 없는 안타까움을 사격경기로 풀며 즐기고 있었다.

라이플 사격경기

그러나 수렵과 사격경기도 현재에는 현실적으로 완전히 별개의 독립된 스포츠라고 말하지 않을 수 없다. 왜냐하면 현재의 수렵이나 사격경기가 그 내용을 잘 살펴 보면 상당히 고도로 발전해 있기 때문이다.

단 수렵과는 별도로 발달한 사격경기도 현재에는 많은 종목으로 분화되어 올림픽이나 세계 선수권을 정점으로 해서 세계의 많은 나라에서 많은 우수한 선수가 경기를 하고 있다. 우리나라에서도 이것은 예외가 아니어서 전술한 양 경기는 물론이고 아시아 대회, 아시아 선수권, 그리고 국내 경기에서도 매년 우수한 선수가 나오고 있다는 것을 잘 알고 있다.

이것도 잘 알려져 있는 일이지만 현대의 사격경기는 라이플 총을 사용하는 라이플 사격과 산탄총을 사용하는 클레이 사격으로 크게 나뉘어져 있다.

클레이 사격경기

이 책에서는 후자인 클레이 사격에 대해 해

설을 해 갈 것인데 라이플 사격이 주로 고정표적 사격으로써 발달한 것에 비해 클레이 사격은 시종일관 비행하는 이동표적을 사격하는 경기로써 현재에 이르고 있다.

다만 라이플 사격에서도 런닝 보어 경기는 지상을 달리는 표적을 사격하는 경기인데 이것은 유일한 예외라고 할 수 있다. 또 라이플 사격의 경기에서는 플레이 사격과 같이 비행표적을 사격하는 종목은 일체 실시하고 있지 않다는 것도 덧붙여 둔다.

그러면 현재 성황을 이루고 있는 클레이 사격의 도정을 간단하게 살펴보도록 하자.

클레이 사격경기 선수
권대회 참가선수의 연습
풍경.

1. 트랩 사격의 역사

그럼 클레이 사격의 역사를 보자. 이것은 기술했듯이 산탄총으로(산탄에 의해) 날으는 표적을 쏘아 그것을 파괴하여 사격을 겨루는 경기이다.

날으는 표적을 쏘아 즐기는 경기는 반드시 총의 실용화 이후에 출현한 것일 것이다. 옛날 고대 그리이스 시대에는 삿대 끝에 비둘기나 산새를 얹어 놓고 그것을 활로 쏘는 경기를 했다고 전해지고 있다. 이 경기는 폰핀제이(ponpinjay)라고 일컬어지던 것으로 이것을 클레이 사격의 원류라고 하는 설도 있다.

영국의 저명한 총 제작자이고 총에 관한 저술도 많이 한 W. 그리너는 그의 저서「총과 그 발달(The Gun And It's Pevelo Pment)」중에서,

'트랩 사격의 원점은 폰핀제이에 기인한다. (중략) 호머의 시 일리아드에는 이 비둘기를 사용하여 승자에게는 상을 주었다고 서술되어 있다.'
라고 쓰고 있다.

클레이 사격의 루트를 활의 사용으로까지 거슬러 올라가는 것은 조금 무리인 것 같은 느낌이 있지만 아뭏든 날으는 새를 쏘는 경기는 옛날부터 실시되고 있었던 것 같다.

그런데 17.18세기 무렵이 되면 발화 기구를 사용하여 총은 상당히 실용성이 높아지고 산탄총에 의한 조렵, 즉 버어드 헌팅이 영국을 비

산탄총에 의한 수렵

롯하여 유럽 전국에서 실시되게 된다. 산탄총
으로 하는 버어드 헌팅인 이상 그것은 날으는
새를 쏘는 것을 전제로 하는 스포츠성을 중시
한 수렵이 된 것은 당연했다. 왜냐하면 당시
의 총에 의한 수렵, 즉 총렵은 귀족이나 대지
주들 특권계급의 오락으로 그것은 직업적인 수
렵사와 같은 획득물이 많으면 좋아하는 그런
것이라기 보다 고도의 기술을 겨루는 스포츠성
이 높은 헌팅을 지향하는 것이었기 때문이다.

이 특권계급의 오락으로써의 수렵은 시대의
흐름과 함께 일반화되어 현재에는 수렵은 각
국에서 대중 스포츠로써 보급되어 있고 이것
은 한국도 예외는 아니다. 다만 이와 같은 형
편에서 발전해 간 유럽의 수렵은 다획을 목적
으로 하지 않고 스포츠성을 중시한다고 하는
바람직한 전통을 오늘날 전해주고 있다는 것
을 놓쳐서는 안된다. 소위 '헌팅은 신사의 스
포츠'라는 주장은 근거가 있는 것이다.

산탄총에 의한 조렵이 보급됨에 따라 그것
과 비슷한 사격경기도 실시되게 된다. 언제 누
가 시작했는지는 불확실하지만 영국이나 유럽
일부의 도시에서는 18세기의 후반에 참새나 비
둘기 등 산새를 날려 그것을 쏘는 경기가 각
지에서 실시되었다는 것은 알고 있다.

그 당시는 아직 경기라기 보다는 오프 시즌
의 우울함이나 도박의 요소도 있어 본격적인
스포츠 경기라는 내용과는 상당히 먼, 물론 통
일된 룰 등도 없었다. 그러나 산탄총에 의한
비약 표적의 사격이라는 정의에서 말하자면 이
무렵이 클레이 사격의 루트가 된다고 생각할

피죤 슈팅 시대의 트랩 사격 풍경. 상자 모양의 트랩 속에 청비둘기를 넣어 뚜껑을 열어 날으는 것을 사격한다.

블루 록 피죤

수 있을 것이다.

이와 같은 최초의 클레이 사격에 불완전하나마 그럭저럭 일정한 룰이 정해져 스포츠다워진 것은 19세기 중엽 무렵의 일이다. 영국의 헌팅필드라는 사람이 중심이 되어 수렵의 총렵을 좋아하는 귀족이 그때까지 각지에서 멋대로 실행하고 있던 산새를 쏘는 경기를 보다 스포츠적인 경기로써 형을 갖추었다. 그 결과 표적으로는 산비둘기를 사용하고 총은 2연발 산탄총을 이용하는 등 경기 룰이 설정된 것과 함께 런던 건 클럽이 설립되었던 것이다. 이것은 1861년의 일이다.

이 당시에 경기에 사용되어진 비둘기는 청비둘기(블루 록 피죤)이라는 종류로 비약력이 강하고 스피드도 있고 또 깃털이 두꺼워 상처를 입지 않았다. 이 때문에 이 청비둘기를 쏘는 경기를 '블루 피죤 슈팅'이라거나 '피죤 슈팅'이라고 부르게도 되었는데 그래도 아직 거기에는 도박적인 요소가 강하여 그다지 스포츠적인 성격은 높지 않았다.

그런데 앞에서 W. 그리너의 기술을 인용했을 때에 '트랩 사격'이라는 표현이 있었는데 이 어원은 당시의 피죤 슈팅의 방법에 이유가 있다. 그것은 표적이 되는 청비둘기를 트랩(덫이나 상자라는 의미)에 넣어 사수의 신호와 함께 뚜껑을 열어 날게 하며 그것을 사격하였다는 데서 붙여진 명칭인 것이다. 처음에는 트랩의 뚜껑으로 낡은 모자를 사용했다는 데서 올드 해드 사격이라고 불리우는 일도 있었다.

이 피죤 슈팅은 지금도 아메리카나 유럽 일

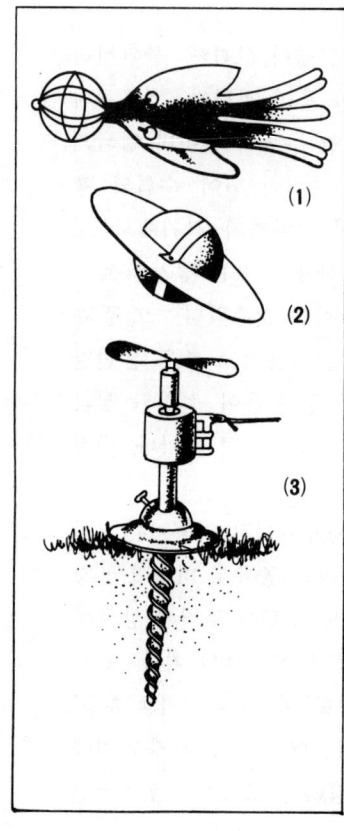

(1)~(3) 여러가지형을 한 표적.

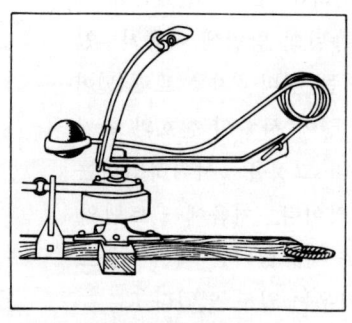

유리 구슬의 표적

부에서 실시되고 있으나 현재에도 도박성이 있어서 아마츄어 스포츠로써는 세계적으로 인기되어 있지 않다.

이렇게 하여 클레이 사격의 한 종목인 트랩 사격의 전신이 영국에서 생겨났으나 산비둘기를 사용하는 것에 비판이 일어나 곧 비둘기를 대신하여 유리 구슬 등이 사용되어지게 되었다. 당시의 유리 구슬 사격은 직경 2.5인치 (63.5밀리) 정도의 무색의 것을 스프링을 이용한 투척기로 던져 쏘는 것이었다.

그 투척기도 그때까지의 호칭이 그대로 쓰여져 표적이 되는 클레이 방출기를 지금도 트랩이라고 부르고 있다.

피죤 슈팅에서 유리 구슬 슈팅이 되고 표적인 유리 구슬에 여러 가지 연구가 가해진다. 유리 구슬 속에 물 또는 착색물을 넣거나 연기를 채우거나 살아 있는 비둘기를 쏘는 실감을 낼 수 있도록 하기 위해 깃털을 달거나 하여 흥미를 높였는데 유리 구슬은 파편이 튀어 사후처리가 위험하여 그다지 호평을 받지 못했다.

그래서 더욱 표적에 여러 가지 연구가 가해져 여러 가지의 것이 등장하였는데 모두 일장 일단이 있어 만족할 만한 것을 얻을 수 없었다.

생각해 보면 산탄총의 사격에 사용하는 표적은 그렇게 간단하지 않다. 날으는 새에 거의 필적하는 속도로 날고, 이상적으로는 작은 산탄 입자 한알이라도 명중되면 깨질 것, 그리고 방출 때의 쇼크나 운반시에 파손되지 않고 고가가 아닐 것 등의 조건을 만족시키는 것은 상당히 어려운 일이다.

리고우스키의 점토 블루 록 피죤

유리 구슬로는 안된다고 하여 고무공에 원반을 끼우거나 딱딱한 종이에 바늘을 끼운 것을 날리거나 작은 대나무 잠자리에 프로펠라를 달거나 하였으나 그 어느 것도 만족할 만한 것은 없었다.

이와 같은 시행착오가 반복되다가 '이것은' 이라고 생각되어지는 것이 생긴다. 그것은 리고우스키라는 사람이 1880년 경 개발한 것이었다. 그는 그때까지 점토(클레이)를 구워 만든 구형의 표적을 개량하여 여기에 핏치를 가하여 단단하고 깨지기 쉬운 접시 모양의 것을 만들었다.

그것을 날리는 블루 록 트랩

이 접시 모양의 표적의 포인트는 산탄을 맞아 주변의 귀퉁이 일부가 깨지면 회전비행하고 있으므로 풍압에 의해 파괴가 확대되는 점에 있다. 따라서 명중과 실중(비명중)의 판정이 용이한 것이다.

리고우스키는 이것을 비둘기 쏘기 경기 시대의 '블루 록 피죤'이라고 명명하고 동시에 이것을 스프링의 힘에 의해 날리는 방출기를 '블루 록 트랩'이라고 이름 붙여 팔았다.

이 클레이제의 블루 록 피죤과 블루 록 트랩의 조합은 호평이었다.

수동식 핸드 트랩 2종
(우·좌)

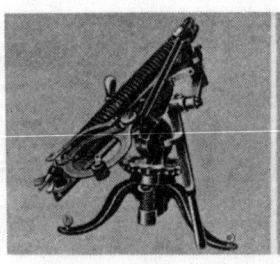
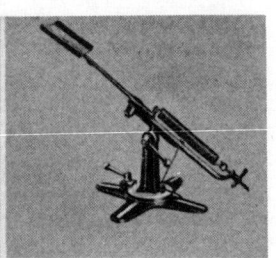

무엇보다도 표적은 점토와 핏치라는 싼 재료를 소재로 한 것이다. 또 방출기도 조작이 간단하고 성능이 좋아 비조시대의 깊은 맛을 볼 수 있다고 호평을 받았던 것이다.

이렇게 하여 최초의 블루 록 피죤이라고 불리우는 리고우스키의 표적은 곧 클레이 피죤, 즉 '점토 비둘기'라고 불리워지고 그것이 단순히 클레이가 되어 오늘날에 이르고 있다. 또 블루 록 트랩은 이후 여러 가지 연구와 개량이 가해졌다. 현재에는 전자동의 것이 일반에게 널리 보급되어 이것을 사용하여 세계 각지에서 성대한 트랩 사격의 경기가 개최되고 있다.

그런데 트랩 사격을 스포츠 경기로써 형태를 정비하여 세계에 보급시킨 것은 영국이 아닌 미국이다. 영국의 수렵제도는 엽구제로 토지 소유자가 설정한 엽구 내에서 수렵을 실시하는 것으로 비교적 소수의 특권계급의 애용자로 한정되어 있고 트랩 사격도 그와 같이 발달하지 않을 수 없었다.

이 때문에 영국의 트랩 사격은 실렵(実獵)의 연습적인 성격에서 벗어나지 못했던 것이다. 예를 들면 트랩을 야산의 적당한 장소에 세트해 두고 그 사이를 걸으면서 쏘든가 또는 엽구의 20내지 40미터 정도 탑 위에 트랩을 놓고 그

가장 간단한 핸드 트랩. 아메리카에서 애용자가 많다(상·하).

곳에서 방출된 클레이를 사격하는 식이다.

이에 비해 만사가 개방적인 아메리카에서는 엽구가 실렵의 방법 등에 그다지 얽매이지 않고 사격은 사격으로 분리되어 발전했던 것이다. 그것은 지상 내지 반 지하에 설치한 트랩 하우스의 윗쪽에서 하우스 안에서부터 방출되는 클레이를 쫓으며 사격하는 현재의 트랩 사격을 경기로써 보급시켰다는 것이다.

결과적으로는 이것이 세계적으로 정착되고 각국의 사격 애호자의 대표가 구성한 세계 사격 연합(UIT)에 의해 국제 룰이 설정되었다. 그리고 현재는 올림픽 등에서도 다수의 국가가 참가하여 이 국제 룰에 근거를 두고 세계의 명사수들이 사기를 겨루고 있는 것이다.

이상이 클레이 사격 중 트랩 사격 경기에 관한 간단한 역사였다. 다음으로 클레이 사격의 또 한가지 경기인 스키트 사격의 역사를 서술해 보겠다.

스키트 사격장

2. 스키트 사격의 역사

트랩 사격은 방향이나 고저가 다른 클레이 피죤(이하 클레이라고 한다)이 사수에서 멀어져 가는 것을 쏘는, 즉 쫓아 쏘는 것으로 시종일관하는 경기이다. 그러나 실제의 수렵에서는 포획이 날으는 방향은 천차만별로 쫓아 쏘기나 옆쏘기 그리고 머리 위로 향해가는 것을 쏘는, 소위 마주쏘기 등 예측할 수 없는 사격이 되는 경우가 많은 것이다. 그러므로 트랩 사격보다도 쏘는 쪽에 변화가 있는 클레이 사격이 요구되게 되어 그 결과로써 생겨난 것이 스키트 사격인 것이다.

스키트 사격은 아메리카에서 탄생했다. 아메리카에서는 일찍부터 핸드 트랩(손으로 클레이를 날리는 간단한 방출기)을 사용하여 들판 등에서 클레이를 쏘며 즐기는 것이 널리 보급되어 있었다.

그렇게 되자 당연 이런 사격법을 통일하여 룰을 만들어 경기를 하려는 움직임이 각지에서 일어났다.

이렇게 하여 1913년 아메리카의 「컨트리 라이프」라는 잡지에 '클레이 버어드 골프'라는 제목의 경기방법이 발표되었다.

이것은 사격장에 원형으로 14개의 사대(사수가 서서 사격을 하는 장소)를 설치하고 제1, 3, 4, 6, 7, 8, 10, 11, 13, 14의 각 사대쪽에 싱글 트랩(일시에 한 개의 트랩을 방출하는)을 설치하고, 제2, 5, 9, 12의 각 사대쪽에 더블 트랩을 두어 모두 원형의 안쪽으로 클레이를 날리도록 하였다. 즉 사대와 트랩을 원형으로 배치하고 사수는 그 원형상의 사대를 순서대로 돌며 쏘아 가는 클레이의 비행각도와 그에 대한 사격방향에 변화를 가지려는 것이다.

이 클레이 버어드 골프는 상당한 호평을 받았다. 이것을 흉내내어 지형에 따른 사격이 아메리카 각지에서 실시되게 된 것은 그로부터 얼마 지나지 않아서였다. 트랩 몇 개를 영국식으로 탑 위에 얹는 것도 나타났는데 그것은 오늘날 스키트 사격에 답습되고 있다.

이렇게 하여 원형 클레이 사격이 보급되고 있는 동안에 보스톤에 사는 데이비스라는 사람이 이것을 또 연구하여 시계식 사격(슈트 어라운드 클락)이라는 사격법을 안출했다. 이것은 지상의 원형을 시계로 보고 1시에서 12시까지의 위치에 12개의 사대를 두고 12시 사대에 트랩을 둔 곳에서부터 정면의 6시 사대로 향해 클레이를 방출하는 것이다.

사수는 이 12시 사대에서 6시 사대로 향해 날으는 클레이를 1시 사대에서 시계 바늘과 같이 돌리면서 순서에 따라 쏘아 가는 것이다.

이 시계식 사격은 1922년에 아메리카의 잡지「내셔날 스포츠맨」에 발표되었다. 그런데 그 후 곧 이 원형사격장 가까이에 세운 양계장에 산탄이 날아가 불평이 나왔다. 그래서 할 수 없이 사격장을 반원형으로 하여 산탄이 거의 반원형의 방향에서만 날도록 개조하게 되었던 것이다.

그러나 반원형으로 하자 아무래도 사격각도가 단조로워져 버렸다. 그래서 트랩을 12시와 6시의 사대에 두고 (1시에서 5시 사이의 사대가 철거되었다), 12시 사대를 높이고 (하이 하우스), 6시 사대를 낮게 하여 (로우 하우스) 클레이 비행선에도 변화를 주었다.

이렇게 하여 12시 사대에서 6시 사대까지를 반대로 1번 사대에서 7번 사대로 하고, 그리고 시계의 문자 중심에 상당하는 부분에 8번 사대를 설치 사수의 머리 위를 날으는 클레이를 쏘도록 고안하였다. 따라서 사수는 반원상의 7개의 사대를 이동하면서 마주쏘기, 쫓아쏘기, 그리고 좌우로의 옆쏘기 등 변화있는 사격을 즐기고 마지막으로 머리 위를 날아가는 클레이를 8번 사대에서 쏘아 1라운드를 끝낸다는 트랩 사격에서는 맛볼 수 없는 실렵적인 클레이 사격이 되었던 것이다.

처음에는 이 반원형의 직경은 25야드(22.86미터)였으나 곧 20야드(18.29미터)로 고쳐지고 이후에도 다소 고쳐져 현재에 이르고 있다.

이 사격장의 레이아웃에 대해서는 트랩 사격과 함께 후술하겠다.

클레이 사격 선수권대회
에서의 스키트 경기

이 트랩 사격에서 진보된 경기에는 적당한 명칭이 없었기 때문에 1926년 아메리카의 잡지「헌팅 앤드 핏싱」과「내셔날 스포츠맨」이 이 새 사격 경기의 이름을 공모했다. 그 결과 가르드 헐버트라는 여성이 투고한 '스키트' 라는 명칭이 선정되었다. 그 후 이 스키트 사격은 새 클레이 사격으로써 전미 각지로 퍼지고 스키트 사격의 애호자는 급속도로 번져갔다.

또 당시는 아직 공군으로써 독립되어 있지 않던 아메리카 육군항공대가 이 사격경기에 착안하여 군의 사격훈련에 도입했다. 그것은 대공 또는 기상의 관련 총사수의 사격훈련에 적합하다고 생각되어졌기 때문이었다. 하늘을 종횡으로 날으는 항공기에 대한 기총사격의 감을 키우는데 좋다고 이용된 것이다.

제 2 장

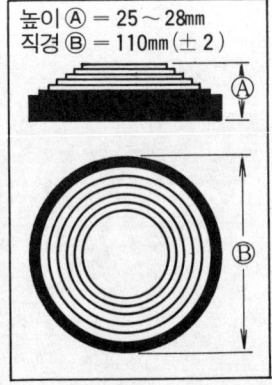

클레이는 핏치와 석탄을 용해하여 만드는데 사이즈 색 등은 룰로 정해져 있다.

현대의 클레이 사격

1. 트랩 사격이란

  최근 각지의 상점에 여러 가지 게임 머신을 두고 있는 것을 본다. 이와 같은 게임 코너에 광선총의 클레이 사격, 즉 클레이 사격 슈밀레이터라고도 하는 게임 머신이 놓여 있다.
  이 게임용 광선총은 라이플이 아닌 산탄총을 모방한 것이다. 영상의 클레이 표적을 거의 실제 산탄과도 같은 광선의 패턴으로 잡아 산탄총에 의한 사격감을 잘 나타내고 있다. 또 정교한 머신은 표적의 다소 앞을 쏘는, 소위 리드장치를 붙여 실사와 같은 감각을 갖게 하는

사진 위 = 반지하에 설치된 클레이 사격장의 트랩 하우스.
사진 아래 왼쪽 = 현재의 트랩은 거의가 자동식으로 되어 있다.
사진 아래 오른쪽 = 3대가 1조가 되어 세트되어 있다.

것도 있다.

이 광선총의 클레이 사격 게임은 트랩 경기를 베이스로 한 게임이라는 것을 알고 있는 독자도 적지 않을 것이다. 따라서 이와 같은 게임 코너에 발을 옮기면 트랩 사격이란 어떤 것인지를 알 수 있게 될 것이다.

그런데 광선에서의 슈밀레이터는 그렇다 치고 실제의 트랩 사격 경기에 대해 설명하기로 하자. 앞에서도 언급했지만 트랩 사격은 날아가는 새를 쏘는 게임에서 발상한 것으로 필연적으로 쫓아쏘기가 되며 그것이 현대의 트랩 사격 경기에도 계승되고 있다.

현재 실시되고 있는 클레이 사격은 국제경기로써는 국제사격 선수연맹이 룰을 설정한 것으로 각국 모두 공식경기는 이 룰에 따라 실시하고 있다. 우리나라도 예외가 아니다.

트랩 사격의 기본적인 쏘는 방법은 한 선상에 정 간격으로 설치된 5개의 사대를 왼쪽 제 1 사대에서부터 순서대로 오른쪽으로 제 5 사대까지 각 사대에서 클레이 1개씩을 쏘며 전진해 가는 방식이다. 각 사대에서는 1개의 클레이에 대해 2발까지 발사를 인정하고 있고 첫발이 실중(失中)한 경우 곧 후발을 쏠 수가 있다. 첫발과 후발 어느쪽이 클레이를 깼는가 즉, 어느쪽으로 명중시켰는가 하는 것은 채점과는 관계없다.

명중이냐 실중이냐를 정하는 것은 클레이로 레프리는 비행하는 클레이를 지켜보고 미세한 파편이라도 날으면 명중을 선고한다. 다만 '다스팅'이라고 불리우는 연기만 분 것 같은 것은 명중으로 인정하지 않고 실중이 된다. 이렇게 하여 5 사대를 쏘고 이것을 5회 반복하여 합계 25개 쏘기가 1라운드가 되는데 발사탄수는 일정하지 않게 되는 것이다.

그런데 실제의 경기에서는 한 사람이 아니고 6명이 한팀을 만들어 한번에 5명이 각 사대에 서서 왼쪽에서 순서대로 쏘아 간다. 그리고 한 사람은 제 1 사대에 들어갈 준비를 하고 기다린다. 각 사대 위의 사수가 1~5의 순으로 다 쏘면 전원이 오른쪽의 사대로 이동하고 제 5 사대의 사수는 사대에서 내려 제 1 사대의

트랩 사격장 전경.

트랩 사격장의 중요한 규격.

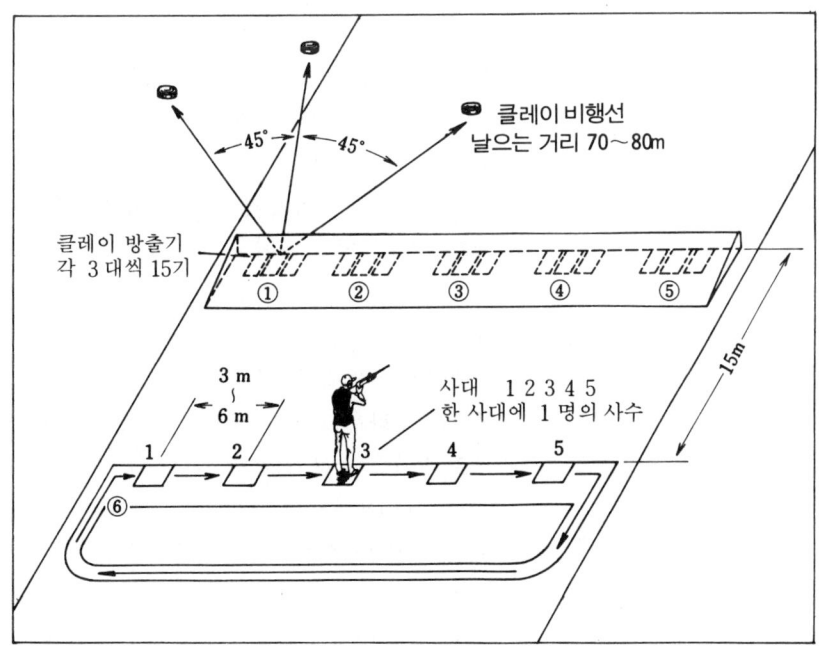

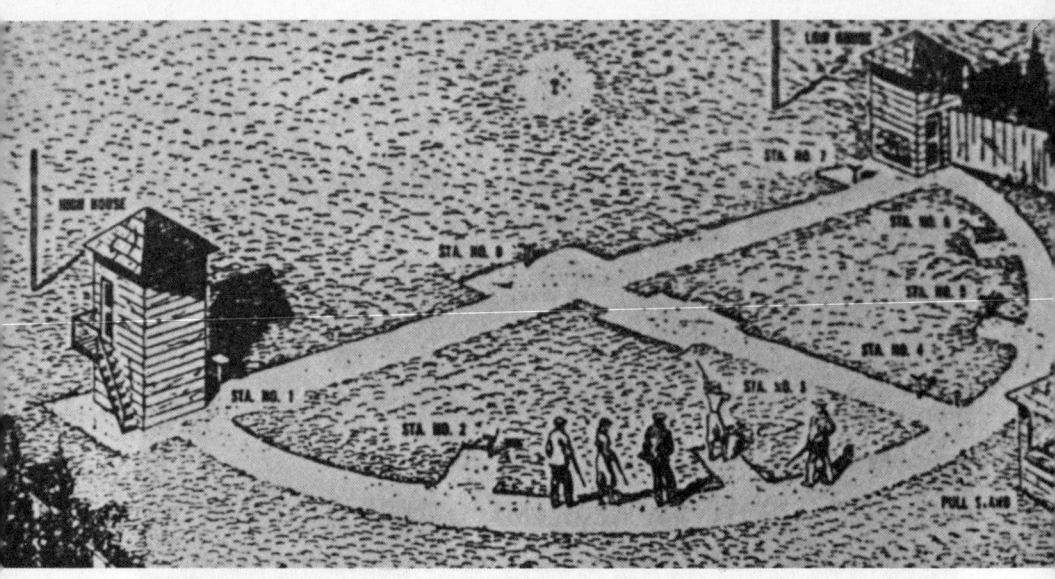

슈트 어라운드 클락에서 발달한 스키트 사격.

뒤에서 대기한다. 이동안 기다리고 있는 사수가 제1 사대에 들어가는 식으로 쏘며 전진해 간다.

사대(射台) 위에 선 사수는 자신의 차례가 오면 총에 장진하고 총을 어깨에 붙이고 클레이가 방출되는 지점(트랩 하우스 위에 마크되어 있다)으로 향하여 '좋아'라는 호령(콜)을 한다. 최초의 트랩은 거의가 자동식이 되어 있어 사수의 콜을 마이크로 받은 직후(정확하게는 0.1 ~0.2 초 후) 클레이가 방출된다. 클레이의 비행 방향은 일정 범위 내에서 상하좌우 불규칙하게 방출되고 사수는 그것을 쫓아 사격하는 것이다.

올림픽이나 세계선수권 등의 국제경기 대회에서는 1 라운드 25개 쏘기를 8 회, 200개 쏘기로 경기를 벌리는 일도 있다. 또 여자와 쥬니어는 150개 경기로 실시하고 단체전은 200개 쏘기 150개의 성적으로 결정한다 라고 규정되어 있다.

다만 지방에서의 로컬 경기나 비공식적인 경

기에서는 때때로 1라운드 내지 2라운드 경기를 실시하여 순위를 정하는 일도 있다.
　이런 경우에는 공식 룰에 얽매이지 않고 경기를 즐기는 경우도 적지 않다.
　또 이와 같은 적은 라운드 경기는 클레이나 장탄의 소비가 적고 경제적이어서 환영이다.

트랩 사격은 이와 같이 쫓아쏘기가 된다.

트랩 사격의 사대(射台). 사수의 앞에 있는 소형스피커가 마이크로 되어있다.

2. 스키트 사격이란

1번 사대

2번 사대

3번 사대

슈트 어라운드 클럽에서 발달한 스키트 사격은 전술한 것과 같이 실렵적인 변화가 있는 사격이다. 물론 그렇다고 해서 스키트 쪽이 트랩 보다 어렵다거나 재미있다거나 한 것은 아니다.

트랩이건 스키트이건 그 양자에 각각 재미와 어려움이 있고 팬을 매료시키고 있는 것이다.

트랩 사격은 일정권 내에서 그 속을 예정 코스로 날으는 클레이를 쫓아쏘는 경기인데, 스키트 사격은 반대로 일정 코스로 날으는 클레이를 사수가 사격위치를 바꾸어 사격각도를 변화시키는 경기이다.

반원형의 원주상에 왼쪽에서부터 제1에서 제7까지의 7 사대가 설치되고 반으로 잘린 시계의 거의 중심부에 제8 사대가 놓여 있다. 이 합계 8개의 사대를 최대 6명의 사수가 한 그룹을 만들어 순서대로 제1 사대에서 사격하고 차례차례로 사대를 이동해 간다. 그리고 마지막으로 제8 사대를 순서대로 쏘아 종료하는 것이다.

제1 사대의 양쪽에 클레이 하우스가 있고 이것은 방출점을 높이고 클레이에 수평에 가까운 비행을 시키기 때문에 '하이 하우스'라고 불리운다. 한편 제7 사대의 양쪽에 '로우 하우스'라고 불리우는 낮은 클레이 하우스가 설치되어 있다.

이 양 사이드의 높이가 다른 하우스에서 한

스키트 사격장 전경

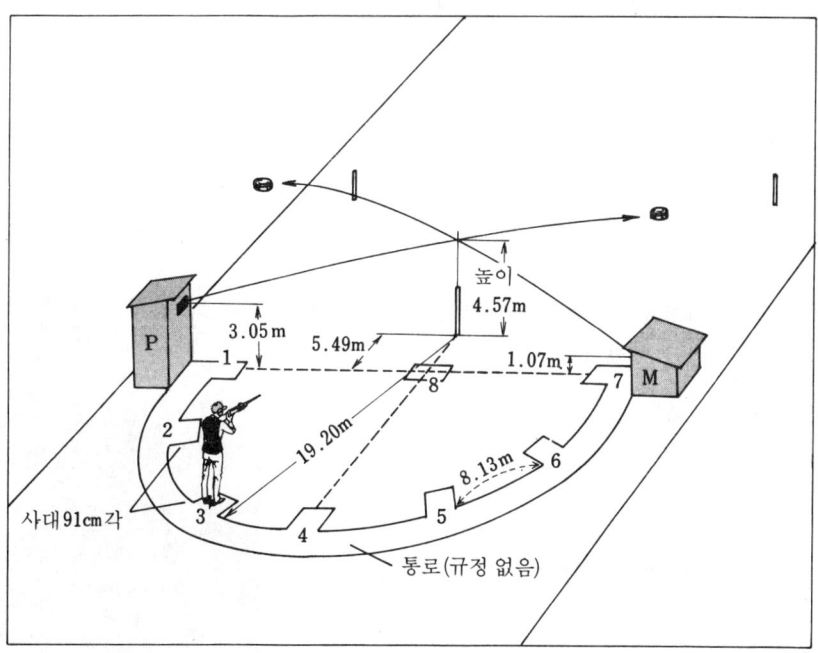

스키트 사격장의 중요한 규격.

장씩 방출되는 클레이를 사격하는데 이에는 싱글과 더블이 있다.

싱글의 경우는 어느쪽이든 클레이 하우스에서 방출된 클레이를 한발로 쏜다. 또 더블은 양 하우스에서 동시에 방출되는 2장의 클레이를 각각 한발씩 함께 2발로 쏜다. 이때 트랩 경기와 같이 실중되었다 하더라도 같은 클레이를 2발 쏠 수는 없다. 한발씩 각 클레이를 향해 쏘아야 한다. 또 더블인 경우는 2장 방출된 클레이 중 자신이 보아 쫓아쏘게 되는 클레이부터 먼저 쏜다는 법칙도 있다.

4번 사대

이렇게 하여 제7 사대를 끝냈으면 전원이 제8 사대에서 쏘아 1라운드 25개 쏘기를 끝낸다. 스키트의 경우 각 클레이에 1발씩이므로 발사탄수도 당연 25발이 되는 것이다.

스키트 경기도 올림픽이나 세계선수권 등의 국제경기에서는 8라운드의 200개 쏘기가 실시되고 있고 전반 4라운드가 단체선수권의 기록으로 인정되고 있다.

그러나 역시 트랩 경기와 마찬가지로 소규모 로컬경기나 어깨를 나란히 하는 동호자끼리의 경기에서는 1, 2라운드로 즐기는 경우가 보통이다.

트랩 사격은 이와 같이 전쟁전부터 실시되고 있었다.

3. 사진으로 보는 여러가지 사격 폼

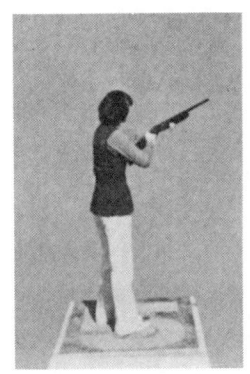

5번 사대

6번 사대

7번 사대

8번 사대

사격에는 남녀노소가 따로 없다. 노익장을 과시하는 어느 촌로(村老)의 사격폼.

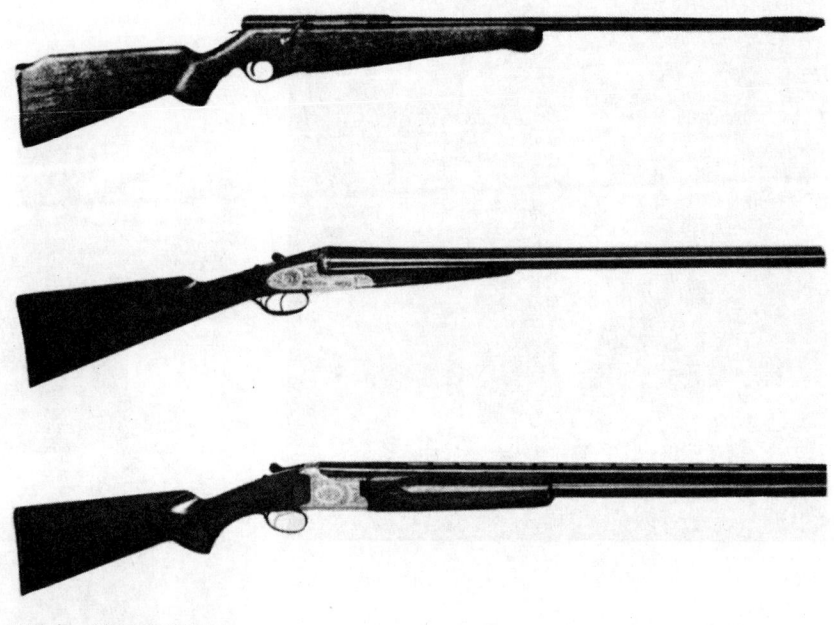

사진 上 = 볼트 액션식 연발총
사진 中 = 수평 2연발
사진 下 = 상하 2연발

제 3 장

산탄총의 여러 가지

머리말

이미 서술했듯이 산탄총은 움직이는 표적, 주로 조류가 날으는 것을 쏘는(우잉 슈트) 것을 목적으로 하여 발달한 총이다. 그리고 파생하여 현재에는 수렵과 별개의 독립된 스포츠 경기가 된 클레이 사격인데 경기에 사용하는 산탄총은 수렵에 사용되어지는 것과 확실하게 구별이 되어 있는 것은 아니다.

바꾸어 말하자면 수렵에 사용하고 있는 산탄총으로 클레이 사격을 충분히 즐길 수 있는 것이다. 요컨대 수렵과 클레이 사격을 한 자루의 총으로 겸용할 수 있는 것이다.

그렇다고는 해도 클레이 사격과 수렵과는 역시 그 스포츠로서의 성격이 다르다. 따라서 당연히 그 각기에 최고로 적합한 총을 지니고 싶어하고 또 소지하고 있는 것이 일반적인 경향이다. 그리고 더욱 클레이 사격을 하다 보면 트랩 전용의 총 또는 스키트 전용의 총을 갖게 될 것이다.

그런데 산탄총을 선택하는 경우에 최근과 같이 총의 형이나 모델이 증가한 마당에 있어서는 왕이어야 할 우리들 유우저가 선택권을 잃고 파는 쪽의 페이스가 되어 버린다. 그러므로 클레이 사격을 즐기기 위해 산탄총을 입수하기 이전에 최소한의 예비지식을 가져야 할 필요가 있다.

다음에 산탄총의 종류와 구조 등에 대한 기초적인 해설을 하기로 한다.

1. 단발총

앞에서 서술하였듯이 트랩이든 스키트든 공식 룰에서는 2발 연사의 필요성이 있으므로 단발식인 것은 거의 모습을 감추고 있다.

그러나 일찌기는 트랩 경기는 한 장의 클레이에 한 발만 쏠 수 있다는 룰로 실시되고 있

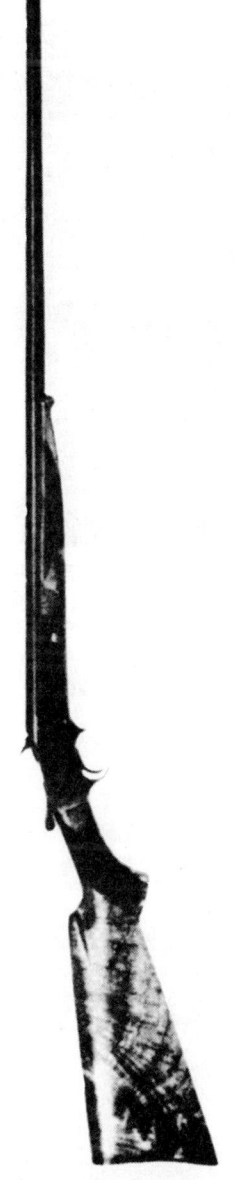

밑꺾음식 단발총. 현재의 클레이 사격에는 룰의 점에서도 부적당.

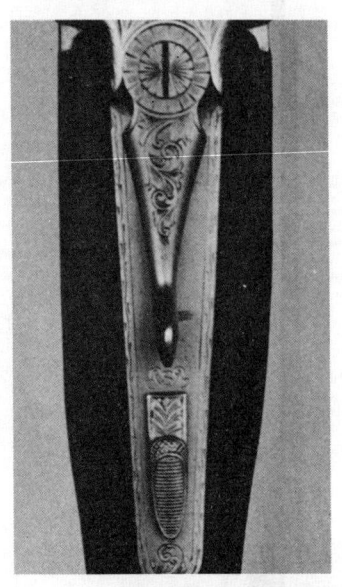

밑꺾음식 총의 개폐용 레버 '방아쇠'. 오른쪽으로 밀어 총을 쏜다. 작은 금구가 안전기.
밀어올려 발사 위치가 된다.

었으므로 그 무렵에 제조된 트랩총에는 단발 단총신인 것도 있으므로 대강 훑어 보기로 하자.

단발총은 별명 단총신이라고도 불리우고 있다. 본래 연발총도 단신총도 많으므로 이렇게 부르는 것은 이상하다고 할 수 있지만 습관적으로 이렇게 부르는 사람이 적지 않다.

총의 기구로서는 가장 오도독스한 것으로 총신 후단과 기관부와의 결합부분으로 나누어져 있어 밑꺾음식이라고 불리우고 있다. 이 방식은 단발총만이 아닌 후술한 수평·상하의 양 2연총이 기본이 되어 있으므로 그런 의미에서는 각종의 밑꺾음식총의 모체라고 해도 좋을 것이다.

총신의 뒤 기관부 위에 소형의 레버가 있고 이것을 손가락으로 오른쪽으로 밀어 총을 쏜다. 이것은 2연총에도 공통되는 기구이다.

총은 꺾는 것은 동시에 장탄이 장진되는 약실을 여는 것이 되며 여기에 장진하여 총을 닫으면 발사 준비 완료인 것이다.

개폐 레버의 뒤에는 통상 안전기가 있고 이것을 손가락으로 밀어 올리면 방아쇠가 자유롭게 되어 발사가 가능해진다. 내린 상태에서는 기관내부에서 방아쇠가 록되어 발사할 수가 없는 것이다.

단 특별히 폭발 멈춤의 기구가 있는 고급총은 별도로 하고 일반 안전기는 어디까지나 방아쇠의 움직임을 록할 뿐이다.

2. 수평 2 연총

 단신 밑꺾음식 기구를 거의 그대로 총신을 옆으로 2개 나란히 2연총으로 한 형식으로 산탄총으로서는 가장 오도독스한 것이다. 단발총을 두 개 합친 것과 같은 것으로 방아쇠도 2개 있는 양방아쇠(더블 트리거)와 단방아쇠(싱글 트리거)가 있고 일반적으로 후자 쪽의 고급 모델이 눈에 많이 띈다.
 수평 2연총은 원래가 수렵용으로 그것도 산렵과 같이 걸어야 하는 수렵에 적합한 것으로 경쾌하게 만들어져 있다.

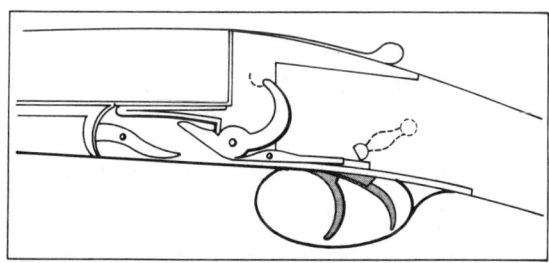

2연총의 안전장치 약도. 안전기는 방아쇠를 움직이지 않게 하는 것 뿐이라는 것을 알자.

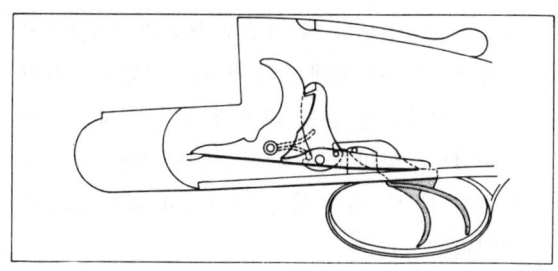

폭발 멈춤이 있는 안전장치. 이 장치가 있는 총은 극히 조금밖에 없다.

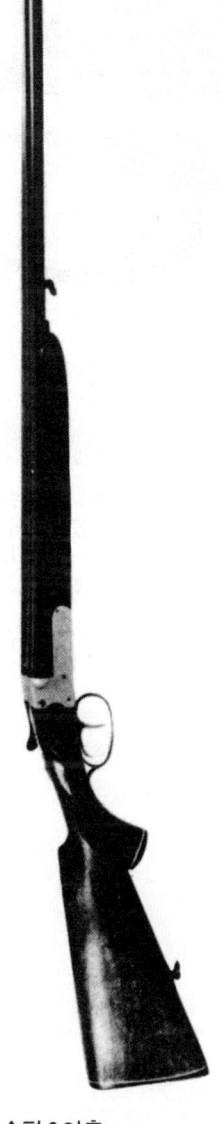

수평 2연총

자동총이나 연발총에 많은 크로스볼트식의 안전기. 이것도 방아쇠를 부동으로 할 뿐이다.

따라서 이와 같은 총을 탄수를 많이 쏘는 클레이 사격에 사용하는 것은 내구력이라는 점에 난점이 있다. 구체적으로 말하자면 특히 경량의 고급 모델인 경우에 덜거덕거리기 쉽다는 것이다.

물론 수렵의 경우에 수라운드 정도를 즐긴다면 문제는 없다.

그리고 단신총에 비교하여 클레이를 겨냥할 때 총신이 2개 옆으로 폭 넓게 나란하여 다소 조준이 어려운 것도 클레이 사격용으로써는 경원시되는 이유의 한가지이다. 요컨대 이 형식의 총은 실렵을 주로 하여 수렵 시즌 오프에 다소 클레이 사격을 즐기는 사람에게 적합하다고 해도 좋을 것이다.

3. 상하 2 연총

이 총은 2개의 총신을 상하로 겹쳐 나란히 한 것이다. 따라서 기관부의 구조도 수평식이 옆으로 낮게 되어 있는 것에 비해 2단식으로 만들어져 있다.

상하 2연총은 전쟁 전에는 아주 진귀한 것으로 극히 일부의 외국(주로 영국과 독일)의 고급총 메이커에 의해 소수가 제조되었고 가격도 일반 사람은 돈도 대지 못할 정도의 고급총이었다. 따라서 한국에 수입된 것은 극히 소수로 거의 볼 수가 없는 총이라고 해도 좋은 존재였다.

그런데 전쟁 후에는 각국의 총 메이커도 기능을 회복하여 제품을 시장에 내 보내기 시작했다. 이것을 전후로 하여 각국에 클레이 사격 열이 높아져 갔다.

여기에서 상하 2 연총과 클레이 사격이 연결되게 된 것이다. 독특한 2 단 구조의 기관부의 견고함과 단총신과 같이 조준이 쉽다는 것이 클레이 사격용으로써 최적한 것이라고 인식되었기 때문이다.

이 양자의 상승작용에 의해 상하 2 연총은 전쟁 후 급속하게 대중화되어 클레이 사격장에서는 가장 많이 볼 수 있는 총이 되었다. 현재에는 가격적으로도 고급 모델을 일반 사람들도 용이하게 손에 넣을 수 있게 되었다.

게다가 상하 2 연총은 수렵용으로써도 적절한 것이라는 이유가 이 총의 보급에 박차를 가한 것 같다.

수평 2 연총 보다 다소 무거운 경향은 있지만 수렵 시즌이 짧은 현재에는 클레이 사격의 비중이 그 만큼 커져 가고 있어 상하 2 연총의 인기는 더더욱 높아져 가고 있는 것 같다.

이 형식도 조작은 수평과 같지만 총신이 상하 나란히 있으므로 다소는 총신을 수평식 보다 깊게 꺾게 되어 있다. 방아쇠는 수평식과 마찬가지로 단방아쇠와 양방아쇠 2 종류가 있지만 클레이 사격에는 단방아쇠가 바람직하다.

또 구조적으로도 상하 2 연총은 고강도의 내구력이 좋은 것도 제조되어 있으므로 발사탄수가 많은 클레이 사격에 적합하다고 말해도 좋을 것이다.

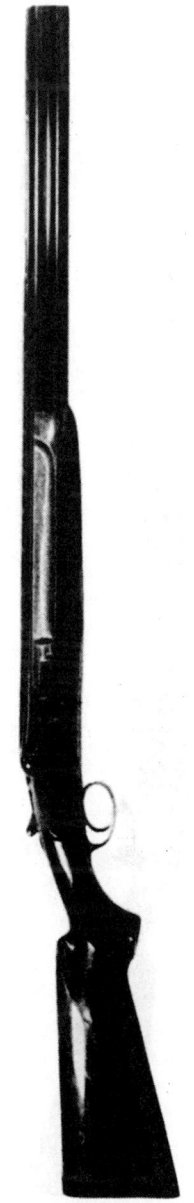

상하 2 연총

4. 자동총

탄창에 몇발인가 장탄을 장진해 두고 방아쇠를 당기는 것만으로 연속하여 발사할 수 있는 총으로 오토매틱이라고도 불리워지고 있다. 자동산탄총은 라이플총에 비해 장탄이 두껍고 크기 때문에 탄창은 모두 총신의 아래쪽에 원통상으로 되어 있는 튜브 매가진이 채용되고 있다. 장탄은 그 속에 머리를 총구로 향하고 일렬이 되어 들어 있다. 그 탄창의 바깥쪽을 목제 선대가 둘러싸고 있고 이곳을 왼손으로 잡고 총을 겨누는 것이다.

자동 산탄총(이하 자동총)의 작동 메카니즘은 분류하면 다음 2종류가 된다.

우선 발사시에 생기는 반동을 이용하는 방식으로 이것은 아메리카의 총기설계의 천재 죤 브로닝에 의해 발명된 것이다.

브로닝의 특허가 없어진 현재는 각국의 메이커가 이 종류의 자동총을 생산 발매하고 있다.

물론 브로닝사에서도 다소의 개량을 가한 모델을 만들어 한국을 비롯한 각국에 수출하고 있다. 이 브로닝사의 자동총은 지금도 건재하여 자동총 베스트셀러가 되어 있다.

브로닝사의 것이 자동총 분야에 준 영향이 매우 크고 또 전쟁 전에 한국에 수입된 자동총 거의가 브로닝사의 것이었기 때문에 자동총을 '브로'라고 칭할 정도였다. 그리고 예를 들면 레민톤사의 자동총을 '레민톤 브로'등으로 불렀다.

가스압식 자동총. 왼손으로 잡은 선대 안이 장탄이 되어 있다.

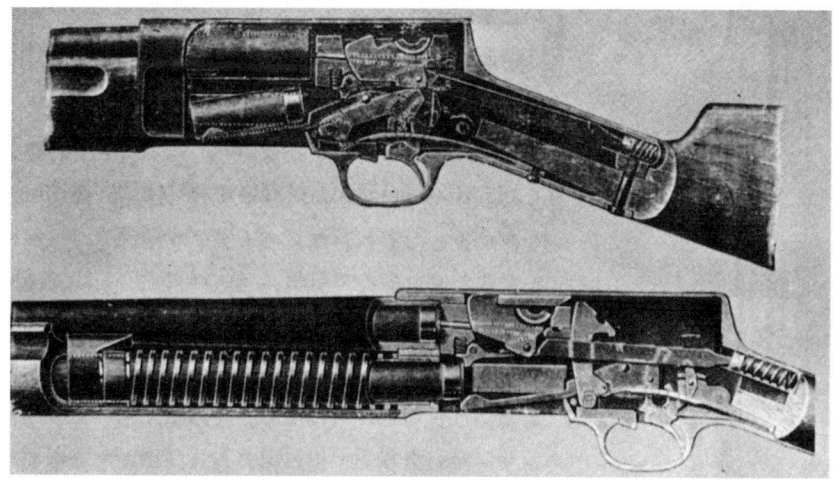

반동식 자동총의 내부 기구. 탄창에서부터 장탄이 내보내지고(그림위) 그것이 캐리어로 올려져 약실에 장진된다.
가스 방식도 수동연발 총도 기본원리는 큰 차이가 없다.

이와 같이 한때는 자동총의 대명사가 되었던 브로닝은 반동력으로 총신·유저(약실을 달고 격침 등 격발 메카를 내포하고 전후로 슬라이드하는 부분을 말한다)를 백시켜 그것에 의해 공케이스를 배출하고 동시에 복좌(複座) 스프링을 압축시킨 방식이다.

반동으로 복좌 스프링을 압축시키는 것은 반동력을 일시 스프링에 비축해 두는 것으로 반동이 지난 후에 다음 탄환을 장진하는 에네르기가 되는 것이다.

이 반동력에 대해 전쟁 후에 아메리카의 레민톤사가 개발한 것이 가스압을 이용한 형식의 자동총이다. 이 방식은 라이플총이나 기관총 등에서는 특별히 새로운 것은 아니지만 산탄총에서는 가스압의 장약, 장탄에 의한 불균일성 등 여러 가지의 이유에서 어려운 방식이라고 생각되어지고 있었다.

그 방식에 구태여 레민톤사가 도전했던 것

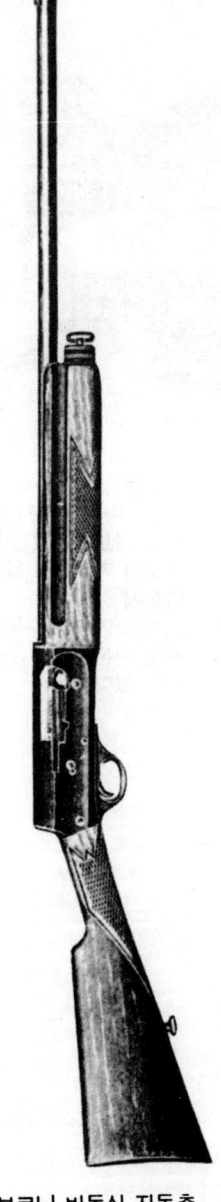

브로닝 반동식 자동총

은 자동총 분야에서 독주하고 있는 브로닝사를 제압하려는 의미도 있다고 할 수 있을 것이다.

이것은 1956년의 일로 이에 의해 자동총은 비로소 브로닝사의 디자인에서 분리된 제품이 생기게 되었다고 해도 과언은 아닐 것이다.

그것은 그렇고 이것은 M58이라고 불리우는 총으로 그것을 뒤쫓듯이 아메리카의 히긴스사도 M60이라는 제품을 개발한다. 처음에는 당연 염려되었듯이 메이커에 의한 장탄의 불균일성이다. 장약의 남은 찌꺼기에 의한 작동 불량 등의 트러블이 많아 유우저를 울렸던 것이다.

그러나 그 한편 총신이 왕복운동하는 쇼크가 없고 마일드한 반동이 호평을 얻어 점차로 이용자가 늘어갔다. 그동안 메이커나 유우저 측의 개량 연구가 거듭되어 현재는 성능이 좋은 가스압식 자동총이 많은 메이커에서 생산판매되고 있다.

가스압식자동총은 반동 대신에 산탄을 밀어내는 발사 가스압의 일부를 직접 이용하는 방식이다. 총신의 일부에 작은 구멍을 뚫고 그곳에서 고압의 화약 가스를 시린더에 도입하고 그 힘으로 피스톤을 밀어 기관부를 작동시키는 일종의 레시프로(왕복) 엔진이라고 생각해도 좋을 것이다. 다만 레시프로 엔진은 이것을 회전으로 바꾸지만 자동총에서는 왕복운동 그대로 좋은 것이다.

이와 같이 가스압식 자동총은 총신의 후퇴복좌(왕복운동)가 없기 때문에 그때까지 브로닝 타입의 총을 경원시하고 있던 슈터들에게도 호

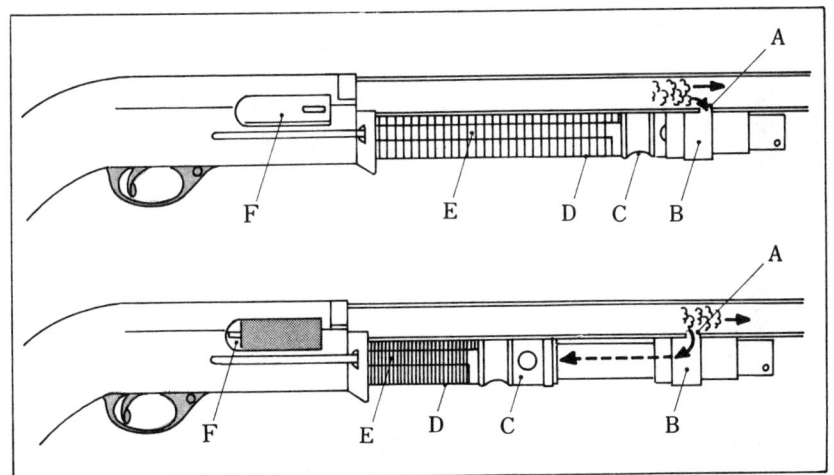

평으로 최근에는 상당한 수의 총을 시장에서 볼 수 있다. 또 메이커측도 국내 국외를 막론하고 반동식의 본가인 브로닝사까지도 가스압식을 개발하고 있을 정도이다.

이들 총은 '가스 오토'라는 속칭으로 불리우고 있고 이들 클레이 사격용 산탄총은 상하2연총과 함께 2분한다고 생각되고 있다.

가스압식 자동총의 작동원리 약도. 총신의 작은 구멍 A에서 가스의 일부가 시린더 B로 들어가 피스톤 C를 민다. C에 연결되어 있는 롯드 E가 유우저 F를 눌러 약실을 연다. 가스압이 사라지면 압축되어 있던 복좌튕김 D에 의해 C는 본래의 위치로 돌아간다.

5. 그 외의 자동총

이상이 대표적인 자동총이라고 할 수 있는 분류이다.

그리고 아직 당분간은 산탄총이 이 2종류 이외에 획기적인 신종은 나올 것 같지 않다.

그러나 현재는 이미 생산이 중지되어 과거의 총이 되었으나 지금도 중고총으로써 시장 가치도 있고 또 애호자가 많은 형식의 자동총이 있다.

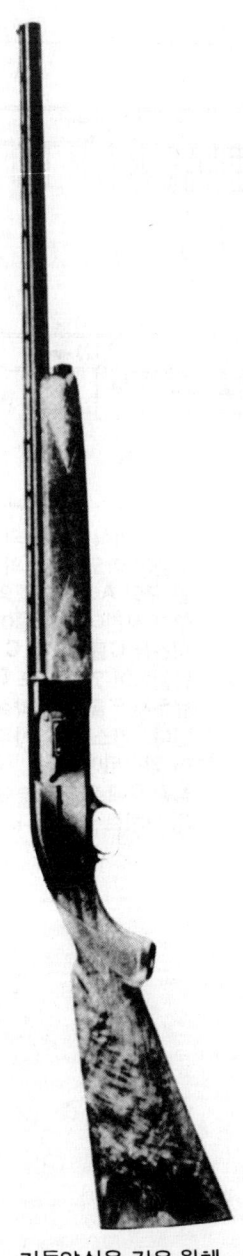

가동약실을 갖은 윈체스터 M50 자동총

윈체스터 M50은 아메리카의 총 메이커인 윈체스터사가 1954년에 발매한 반동식 자동총이다. 브로닝사의 것과 다른 것은 총신이 고정되어 있어 스라이드하지 않는 것이다.

그리고 이 M50의 특징은 총신과는 별도로 독립된 약실이 총신 후단부에 있고 이 약실이 반동으로 조금 후퇴하는 설계가 되어 있는 점이다.

이 독립된 약실의 후퇴가 유우저를 강하게 찌르기 때문에 유우저는 브로닝의 경우와 마찬가지로 왕복운동을 하게 된다. 이 방식은 브로닝이 롱 리코일(장반동)식이라고 일컬어지는 것에 비해 쇼트 리코일(단반동)식이라고 하여 구별되고 있다. 기본원리는 진귀한 것이 아니지만 스라이드를 총신이 아닌 약실로 대행시킨 점은 참신한 아이디어였다.

또 이것은 작동원리와 직접은 관련 없지만 M50의 경량 모델은 총신 재료에 유리섬유가 사용되고 있어 그것이 상당한 화제를 모았다.

스틸 파이프에 가는 유리 파이버의 실을 감아 완성한 것으로 얼핏 보면 강총신 같지만 가볍다는 점이 최대의 메리트였다. 그러나 반면 이 총은 폴면이 가벼워 상처가 입기 쉽다는 난점 때문에 그다지 보급되지 않았다.

윈체스터사가 M50를 발매한 다음 해에 이번에는 브로닝사가 이것을 뒤쫓듯이 신설계의 자동총을 발매했다.

이것은 더블 오토라고 일컬어지듯이 2연발(자동총의 경우 5발탄창이 많고 3발인 것이 그 다음으로 많다)의 자동총이라는 그때까지의 기성개념을 벗어난 유니크한 총이었다.

또 반동 방식도 반동 이용의 총후퇴식인데, 총신의 후좌장이 긴 쇼트 리코일 식이기 때문에 총신 왕복시의 쇼크가 적다는 점도 슈터에게 호감을 갖게 했던 것 같다.

이 브로닝의 더블 오토는 영국에서 가장 많이 보급되었다. 원래가 수평2연총을 즐기는 국민성이어서 그것을 단총신으로 한 듯한 이 모델은 큰 호평을 받았다.

이 모델은 정식으로는 더블 투엘브 자동총이라고 불리웠는데 역시 자동총으로 2연발이라는 것은 그 한가지 매력을 갖추지 못하고 있는 것이다. 그 때문에 총으로서는 유니크한 것이었지만 영업적으로는 성공할 수 없어 수평총이나 상하2연발, 특히 클레이 사격에 관해서는 후자의 2연총의 셰어에 이르지 못했고 현재에는 생산이 중지되고 있다.

6. 수동연발총

반동 또는 가스압 등의 발사와 동반되는 에네르기 대신에 수동으로 연발하는 (매니얼 레피트) 총에 대한 총칭이다. 산탄총으로 현재도 이용되고 있는 것은 볼트 액션식과 스라이드 액션식 2종류가 있다.

볼트 액션식인 것은 라이플총에서는 가장 일반적인 기구의 수동연발 방식이지만 손으로 유우저를 개폐하는 볼트를 기도하고 더욱 그것을 전후로 스라이드하는 것으로 순간을 다투는 산

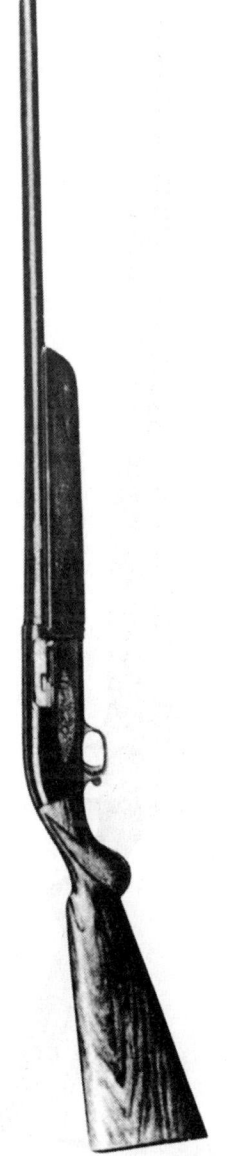

브로닝의 더블 오토매틱 자동총

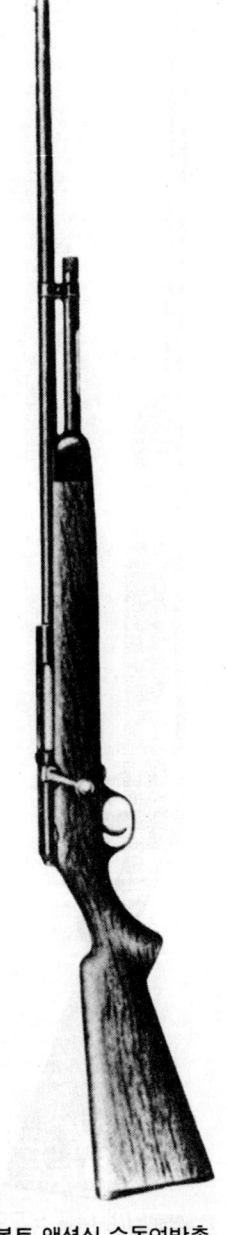

볼트 액션식 수동연발총

탄총의 윙 슈트(비조쏘기)에는 부적합하다.
그러나 가격이 싼 총에는 이런 종류의 것도 볼 수 있으므로 사진을 실어 둔다. 또 이 형식의 총은 수렵에 사용되는 경우가 대부분으로 연사성(連射性)이 없기 때문에 클레이 사격에는 사용되지 않는다.

수렵은 물론 클레이 사격에도 사용되는 유일한 수동연발총은 스라이드 액션식의 것이다. 이 총은 왼손(오른손 잡이인 경우)으로 잡는 부분(선대)을 발사 후 전후로 스라이드하여 공케이스를 배출하고 차탄을 탄창에서 약실로 보내는 기구로 되어 있다.

이 종류의 총은 수동식으로는 되어 있지만 자동총과 같은 정도의 속사성이 있고 고장도 적어 어떤 장탄으로도 쏠 수 있으므로 클레이 사격용으로써도 수렵용으로써도 이 총의 애호자는 적지 않다.

또 이것은 수렵에 있어서 만일 장탄 불량에 의한 불발탄이 될 때에도 곧 차탄을 약실로 보낼 수 있으므로 찬스를 놓치는 경우가 적다는 메리트도 있다.

한국에서는 이 종류의 총을 레피터나 폼프총 등으로 부르고 있다. 분명 레피터(연발총)임에는 틀림없지만 정확하게는 폼프 레피터라고 해야 할 것이다. 또 이 총의 본고장이라고 할 수 있는 아메리카에서는 조작하는 스타일 때문에 트럼본 액션이라고 부르기도 한다.

이 스라이드 액션총의 결점은 선대를 스라이드할 때에 총이 움직이기 쉽고 이 때문에 조준점이 잘못된다는 점을 들 수 있다.

이것은 어느 정도는 숙련으로 커버할 수 있지만 그것이 이 총의 단점임은 부정할 수 없다.

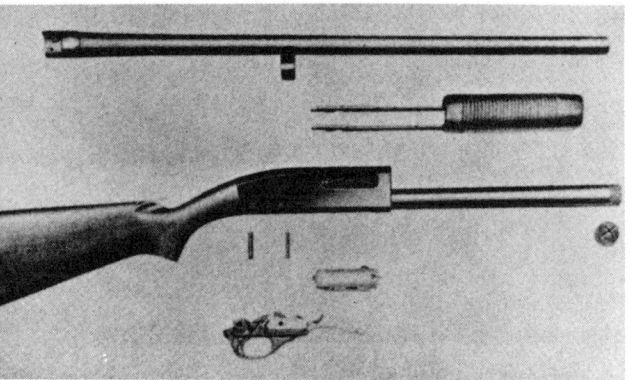

분해한 스라이드 액션 총. 기관부에서부터 나와 있는 원통형의 것이 탄창이 되어 있다.

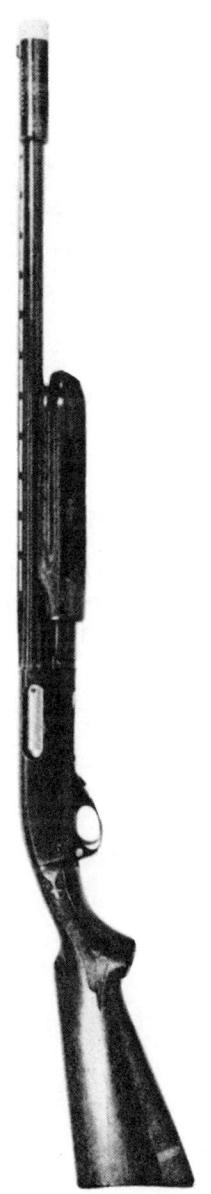

스라이드 액션식 수동연발총.

현재 클레이 사격에서는 상하 2연총의 애용자가 늘고 있다.

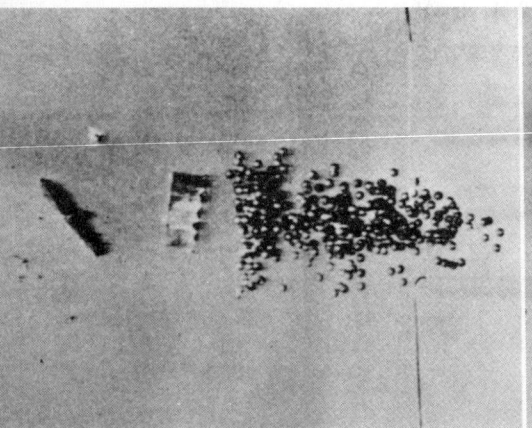
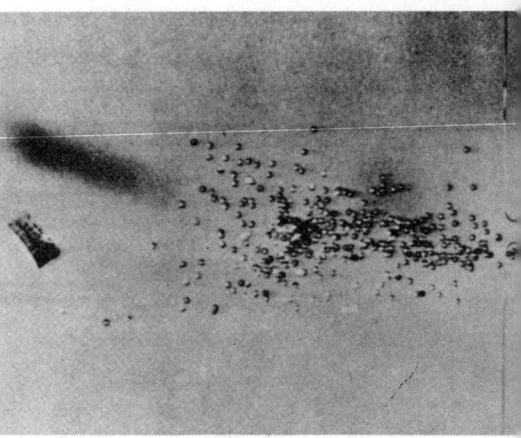

a b

초고속 촬영으로 잡은 산탄의 퍼짐. a~b와 같이 총구에서 떨어짐에 따라 전후, 주변으로 산개 (散開)가 퍼져 간다.

제 4 장

산탄총의 기초지식

1. 총신과 쵸크(조리개)

산탄총은 말할 것도 없이 산탄, 즉 탄환이 퍼져가는 총이다. 따라서 총신의 내면 (총강면이라고도 한다)은 비스듬히 만들어져 있고 라이플총과 같이 도랑은 패어 있지 않다. 소위 활강총신으로 그 점에서는 옛날의 선진총과 같다.

조금 다른 점은 대부분의 경우 총신 선단의 부분이 극히 조금 내경이 좁아져 있다는 것이다.

산탄이 수평면으로 퍼지는 것을 패턴이라고

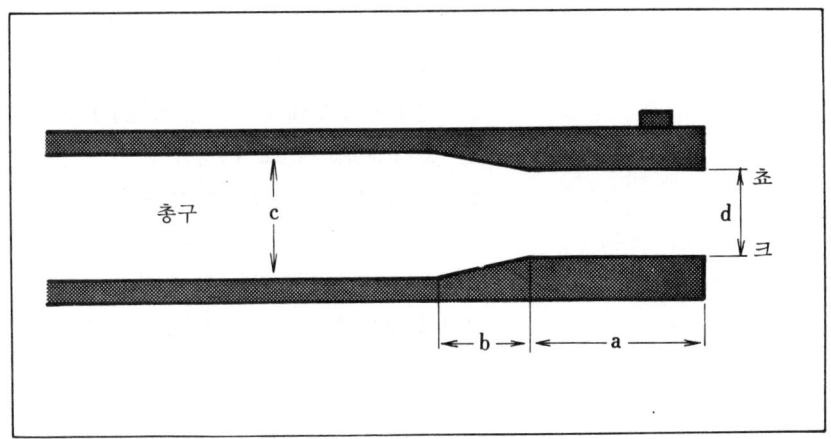

쵸크의 단면도. a가 파라레루라고 불리우는 쵸크의 부분. b가 콘. c가 총강. d가 쵸크의 내경. 이것에 따라 패턴이 콘트롤 된다.

하는데 이 가늘어진 곳은 패턴 컨트롤러로 쵸크(조리개)라고도 불리우는 부분이다.

산탄은 총구에서 날아 나온 직후부터 점차로 퍼져 가는데 쵸크에 의해 그 퍼짐이 늦어지는 것이다. 고무 호스의 끝을 가늘게 하면 물의 퍼짐이 늦어지는 것과 같은 이유이다. 다만 오해가 없도록 덧붙여 두자면 산탄총에서는 총구를 좁게 해도 산탄이 그 만큼 멀리까지 날아가는 일은 없다.

그래도 산탄의 퍼짐이 늦어지면 그 만큼 유효사정이 넓어지므로 총의 용도에 따라 여러가지 쵸크를 붙일 수 있다. 그 중에는 가변형인 것도 적지 않다.

또 패턴을 좌우하는 요소로 총신장이 있는데 이것은 길수록 패턴의 퍼짐이 늦다. 그리고 실제로는 용도에 따라 이 양자가 적당이 선택되어진다. 쵸크의 강도(가늘기)를 나타내는 것으로는 다음과 같은 표시법이 일반적으로 실시되고 있다(1~6의 순으로 쵸크는 약해진다).
1. 풀 쵸크(전조리개)
2. 인풀브드 모데화이드 쵸크(3/4 조리개)
3. 모데화이드 쵸크(1/2 조리개)
4. 인풀브드 시린더(개량 평통)
5. 시린더(평통)
6. 스키트 쵸크(스키트 조리개)

그런데 주의할 것은 쵸크의 조리개 양, 즉 강내경은 그 사이즈로 직접 결정하는 것이 아닌 일정한 사정으로 일정 사이즈의 원형표적 중에 전체의 산탄 알갱이가 몇 퍼센트 명중하는가에 의해 결정된다는 것이다. 즉 어떤 쵸크의 총을 시사하여 이것은 ○○쵸크라고 결정하는 것이다.

물론 양산(量産)이 되면 그 쵸크를 실제로 측정하여 생산 라인에 넣지만 그래도 생산 후에 시사(試射)하여 반드시 쵸크의 성능은 체크해야 한다.

그럼 일정의 사정과 표적이라는 것인데 이것은 일찌기 산탄총의 메카였던 영국에서 채용되던 방법이 거의 그대로 각 나라에 답습되었고 한국도 예외는 아니다. 그것은 예를 들면 '40야드(36,6미터)의 거리에서 직경 30인치(76 2센치)의 원내에 몇 퍼센트 들어가는가' 하는 방법이다.

또 표적은 백지를 사용하여 시사 후에 탄환의 흔적이 가장 밀집되어 있는 점을 중심으로 30인치의 직경으로 원을 그린다. 그것은 시사에서 반드시 원 중심에 명중(산탄의 패턴의 중심이 원의 중심으로)한다고는 단정지을 수 없기 때문이다.

그리고 각 쵸크에 대해 비율을 다음과 같이 나타낸다.

1. 풀 쵸크…70% ± 5
2. 인풀브드 모데화이드 쵸크…65% ± 5
3. 모데화이드 쵸크…60% ± 5
4. 인풀브드 시린더…50% ± 5
5. 시린더…40% ± 5
6. 스키트 쵸크…25% ± 5

이상은 총신에 쵸크가 가공되어 있는 형식인데 2연총 이상의 단총신의 총에서는 총신의 끝, 즉 총구 부분에 다른 쵸크를 부착하는 타입의 것도 볼 수 있다.

이들 부착식 쵸크는 그 대부분이 쵸크의 강도를 가변할 수 있는 어져스터블 쵸크로 되어있다. 총의 용도(용도에 따른 주된 사정)에 따라 적당한 산탄의 패턴을 얻을 수 있도록 연구한다.

이 종류의 것으로 가장 오래전부터 일반에게 알려져 있는 것은 아메리카 라이먼사의 '캇 컴펜세이터'이다.

이 쵸크는 총신의 선단에 두꺼운 가스 빠지는 구멍을 붙이고 그 끝에 쵸크를 끼워 넣는 형식이다. 특수 렌치가 준비되고 6개의 쵸크(1개는 붙여져 있다)를 주요 사정에 따라 교환하는 것이다.

또 가스 빠지는 구멍은 발사시의 화약 가스를 총구(정확하게는 쵸크 선단)의 앞으로 일부를 보내고 그에 의해 반동의 경감을 기하기 위한 구멍이다. 메이커의 설명으로는 30~40%

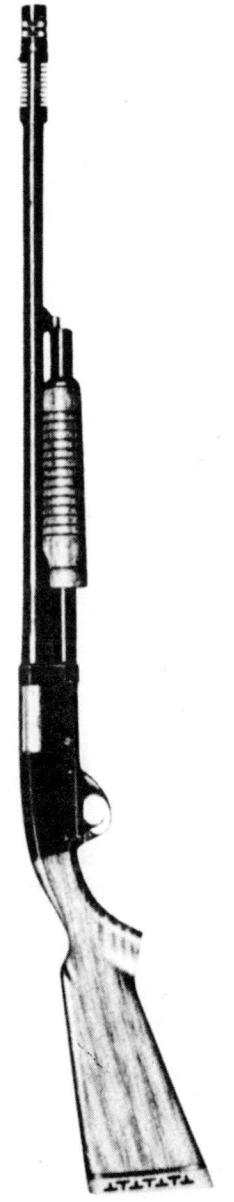

가변 쵸크를 붙인 스라이드 액션총

정도는 가벼워진다고 한다.

그러나 가변 쵸크는 분명히 편리하지만 렌치 등을 사용하지 않고 원 터치로 가변시킬 수 있다면 이 보다 나은 것은 없다. 이와 같은 요구에 따라 각종 바리어블 쵸크도 발매되고 있다.

이 종류의 쵸크 기본구조는 모두 대동소이 하여 쵸크의 조리개 부분에 설편상으로 가름을 넣고 이것을 주위에서 비틀어 조여 직경을 좁게 하여 적당한 쵸크를 얻는 방법이다.

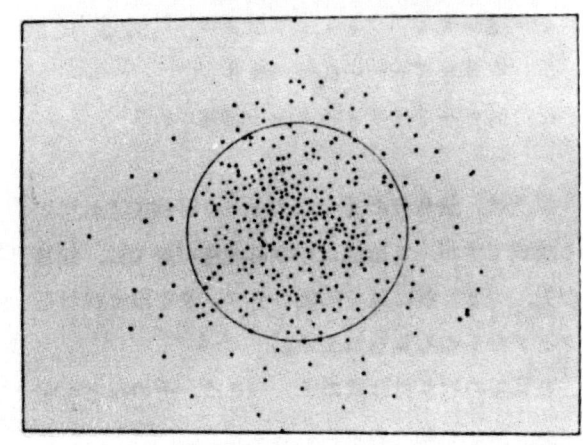

풀 쵸크의 패턴. 30인치 원내에 80%의 명중을 나타내고 있다. 풀 쵸크로써는 최고의 패턴.

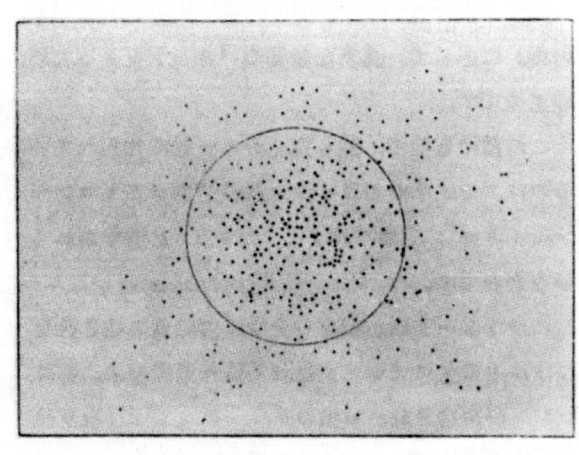

인풀브드 모데화이드 쵸크. 72%의 패턴.

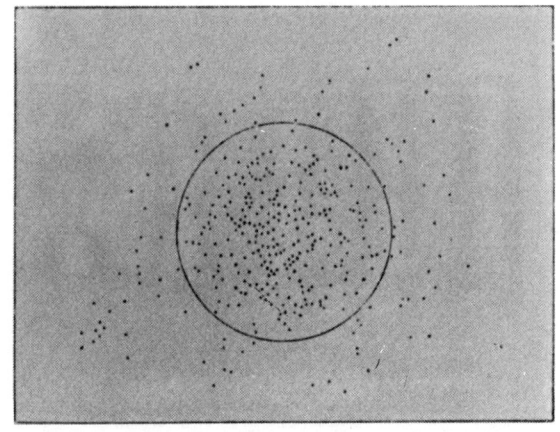

모데화이드 쵸크 65%
의 패턴.

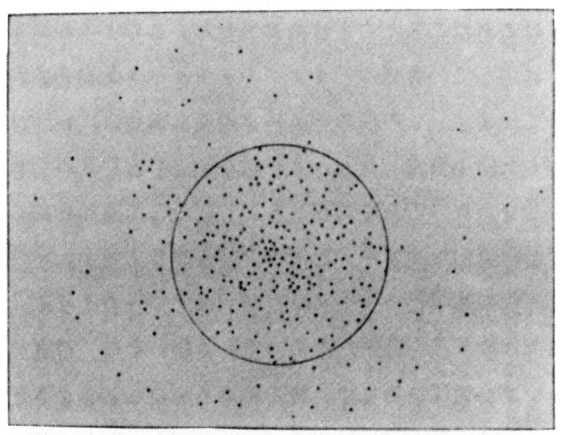

인풀브드 시린더. 55%
의 패턴.

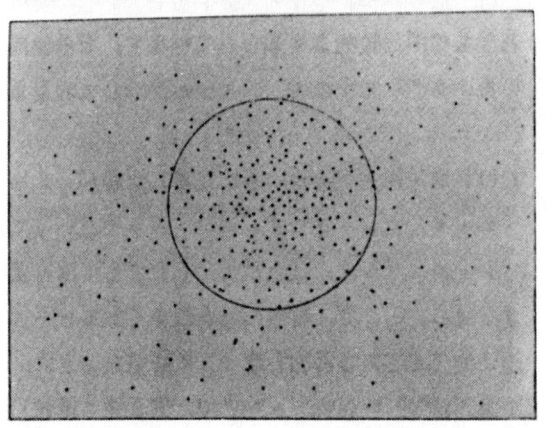

시린더. 48%의 패턴.

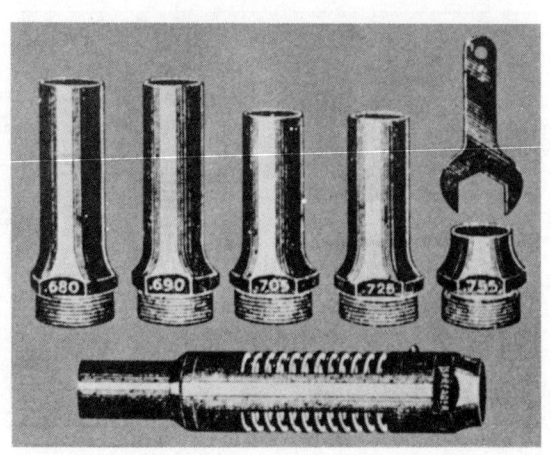

라이먼사의 가변 쵸크. 캇 컴펜세이터. 긴 것일수록 쵸크가 강해진다.

앞에 서술했던 캇 컴펜세이터와 같이 가스 빠지는 구멍을 설치한 것, 그것이 없는 것, 가변 링이 앞에 있는 것, 뒤에 있는 것 등 여러 가지인데, 그 종류의 것으로는 '포리 쵸크'라고 불리우는 것이 비교적 잘 알려져 있다. 그 외에도 여러 가지 있으므로 몇가지 도시해 둔다.

이 어져스터블 다음에 등장한 것이 오토매틱 쵸크이다. 원 터치라고 해도 어져스터블은 총을 어깨에 붙인 채로는 가변할 수 없다. 그러므로 수렵의 경우에 많이 있는 케이스 쫓아 쏘기(멀어지는 포획물을 쏜다)에 적합하도록 제 1 발을 약한 쵸크로, 제 2 발 이후를 강한 쵸크로 자동적으로 바꾸어 쏘는 방법이 연구되어 있다.

이 바꾸기는 반동을 이용하여 실시하는데 최초로 이와 같은 오토매틱 쵸크를 개발한 것은 역시 아메리카로, 그것은 '후렉스 쵸크'라는 이름으로 불리워지고 있다.

그후 동종의 것이 각국에서 만들어져 어떤

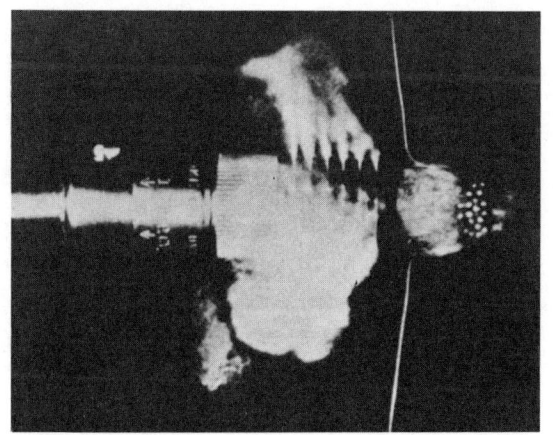

대부분의 가변 쵸크에는 반동 경감용 가스 빠지는 구멍이 있다. 사진은 발사의 가스가 일부 옆으로 빠져 제트 작용에 의한 반동을 경감시키고 있는 것을 나타내고 있다.

것은 1발마다 순서대로 조리개를 강하게 해 가는 것도 있고 반대로 강에서 약으로도 세트 할 수 있는 것 등도 발매되고 있다.

그러나 이와 같은 쵸크는 구조가 복잡하고 가격도 높고 이론대로 효과가 그다지 실효와 연관되지 않는다는 점 등으로 현재는 그다지 보급되고 있지 않다. 또 대형으로 총구 부분이 무겁게 되어 있기 때문에 밸런스를 깨는것도 이 종류의 쵸크의 결점이다.

다음에 총신에 부속하는 것으로 클레이 사격에 효과적인 것에 리브가 있다. 이것은 조준 때에 단신총과 상하2 연총에 특히 효과적인 것으로 원형의 총신 상면에 장방형의 가는 판을 다리처럼 부착하여 겨냥을 쉽게 하는 것이다.

클레이 사격은 단시간에 많은 탄수를 발사하기 때문에 여름은 특히 총신이 뜨거워져 아지랑이가 피어올라 표적을 겨냥하기 어려워진다. 그 때문에 리브와 총신의 사이에 다리를 걸쳐 놓는 것이다.

포리 쵸크. 바리어블 쵸크의 대표적인 것으로 널리 보급되어 있다.

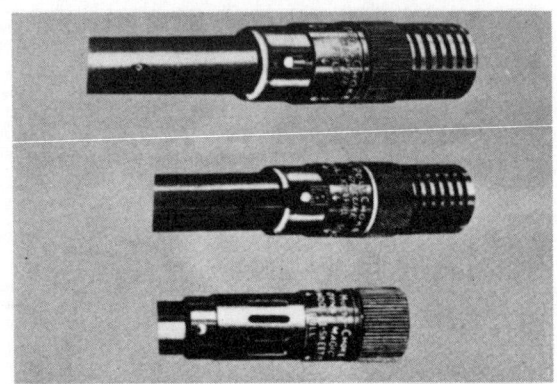

쟐비스의 후렉스 쵸크.

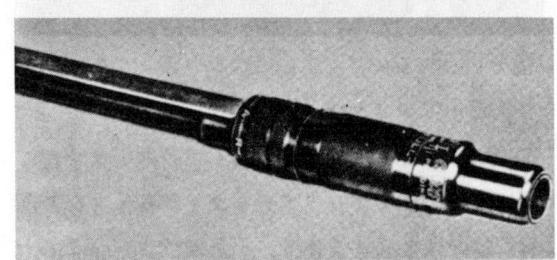

쵸크의 가까이 작은가스 빠지는 구멍을 설치한 것.

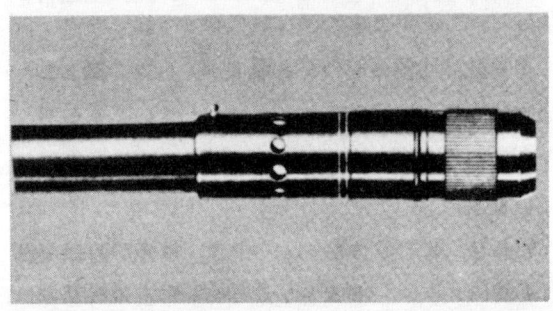

가스 빠지는 구멍이 없는 바리어블 쵸크.

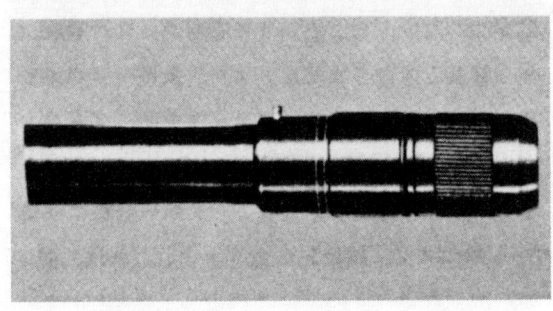

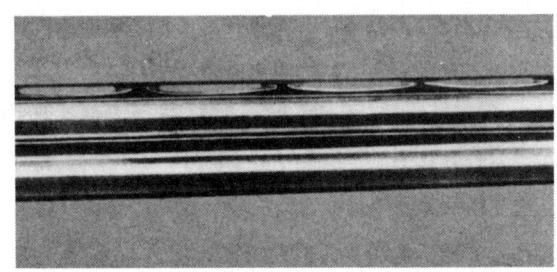

상하 2연발에 만들어
져 있는 벤치레이트 리브

이것을 벤치레이트 리브라고 하고 이 공간이 없는 것을 마텟드 리브라고 한다. 클레이 사격에는 거의 전자의 리브가 사용되고 있다.

또 산탄총의 경우 조준기는 극히 간단한 조성이 총구부에 1개 그리고 때로는 도중에 중조성이라고 불리우는 것이 있을 뿐이지만 리브는 이것을 보좌하는 조준기의 일부도 된다. 따라서 클레이 사격의 총에는 벤치레이트 리브를 끼운 총이 사용되고 있는 것이다.

2. 기관부·안전기·총상

총 중 어디에서 어디까지가 기관부인지 확실히 구획하기는 어렵지만 여기에서는 장탄을 격발시키는(뇌관을 찌르고 발화시키는) 매카니즘이나 가동부분 등이 수납되어 있는 부분을 기관부라고 부르기로 한다.

이 기관부의 기구는 밑꺾음식의 2연총은 비교적 간단하고 자동총 등이 되면 복잡하지만 한편 2연총은 수납 스페이스가 적기 때문에 상당히 정밀한 공작이 요구되게 된다.

수평이든 상하든 밑꺾음식 2연총의 기관부는 2종류로 대별된다.

한가지는 '복스 록'이라는 개발자의 이름에서 '안손 딜디 록'이라고도 불리우는 타입의 것이다. 이것은 격발의 가능부의 대부분이 기관 전반부에 설계되어 있다.

이에 비해 또 한가지인 '사이드 록'이라고 불리우는 것은 기관부가 총의 양 사이드에 길게 퍼져 있는 구조로 되어 있다. 복스 록은 금속의 기관부 몸체 내에 들어가는 부분이 많으므로 속이 공동으로 되어 있다. 따라서 강도적으로는 그것이 적은 사이드 록 보다 떨어진다.

그러나 현재는 우수한 강도의 재질과 공작기술의 향상으로 그다지 차이가 없다고 생각해도 좋을 것이다. 특히 상하2연총은 기관부가 2층이기 때문에 강도가 있어 강도상의 우열은 거의 무시해도 좋다고 생각한다. 사이드 록의 경우는 기관부의 금속 부분의 면적이 넓어 이것을 우미한 조각 등으로 장식할 수가 있어 그 점에서는 고급총으로써 받아들여지고 있다.

다음으로 총의 안전기에 대해 설명하겠다.

앞에서도 서술했지만 총의 안전장치는 그 대부분이 방아쇠를 고정하는 것 뿐인 것으로 되어 있다.

그 일예를 앞에서 그림으로 나타내었다. 이것에서도 알 수 있듯이 안전기를 건 상태에서도 총 자체는 발사준비가 되어진 상태인 것이다.

그러므로 여기에서 총을 떨어뜨리거나 하

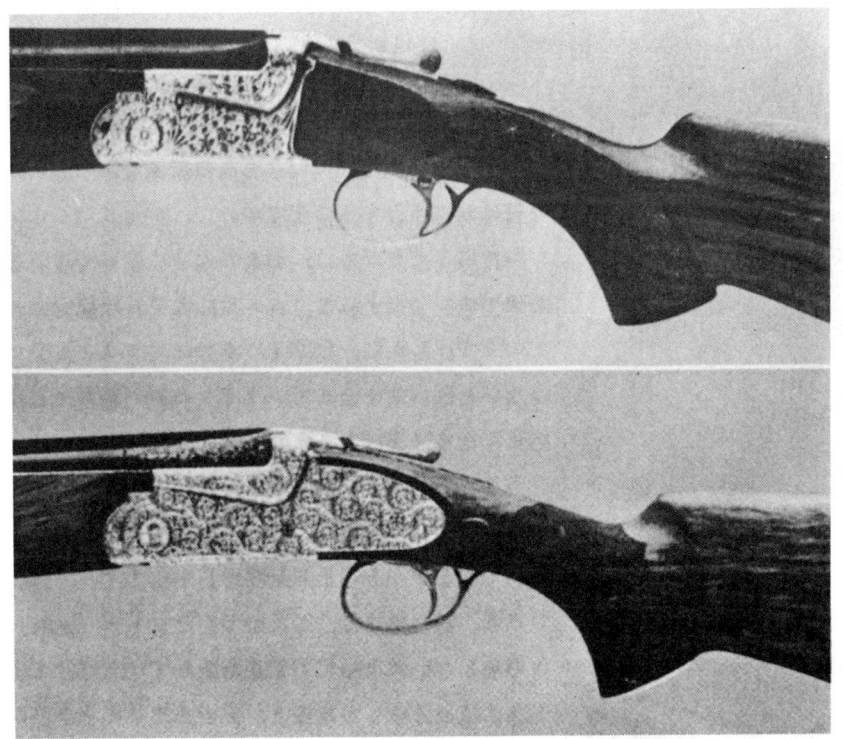

사진 上 = 복스 록식
의 상하 2 연총의 기관부.
사진 下 = 사이드 록식
의 상하 2 연총의 기관부.

는 등의 강한 충격을 가하면 총은 발사된다. 사실 안전기를 너무 믿어 폭발 사고가 계속 일어나고 있는 실정이다.

또 일부의 총에는 이런 폭발을 막기 위한 소위 '폭발 막기'가 붙여져 있는 것도 있다.

그러나 이것은 영국제 최고급총인 극히 일부에서 볼 수 있는 것으로 말하자면 예외적인 기구이다. 요컨대 안전장치를 과신하지 말고 자기 자신을 최량의 안전장치라고 생각하고 총을 다루어야 하는 것이다.

이에 관련하여 덧붙여 두고 싶은 말은 초보자가 방아쇠를 만지는 것이다. 방아쇠를 만지는 것은 예외없이 방아쇠의 무게(방아쇠를 당겨 격발하는데 필요한 힘을 무겁다 가볍다로 표현한다)를 가볍게 하려는 것이다.

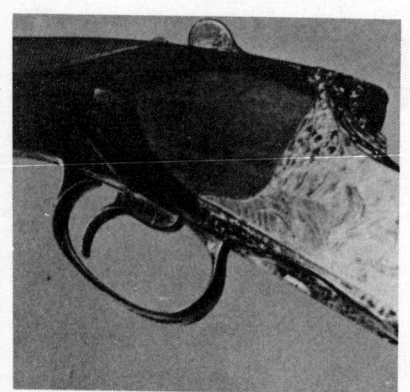

단 방아쇠의 방아쇠

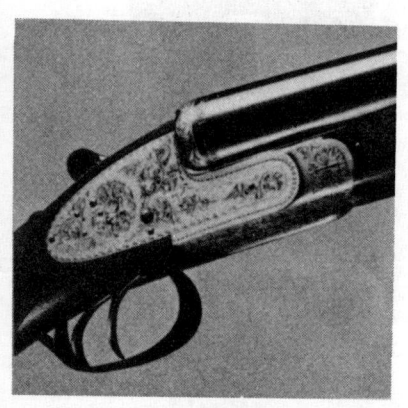

양방아쇠의 방아쇠

경기용 라이플에서는 방아쇠의 무게는 미묘하여 중요한 요소이다. 따라서 룰에도 그것은 규정되어 있다. 그러나 산탄총의 경우는 그다지 중요하지 않다고 할 수 있으므로 라이플총의 경우 만큼 신경질적이 될 필요는 없다.

그러나 한점을 겨루는 경기에서는 성적이 좋지 않은 경우 총의 방아쇠를 만져 가볍게 하려는 생각을 하는 사수를 볼 수 있다.

본래 총의 격철은 극히 작은 샤(역구)와 맞물려져 있을 뿐이다. 실제로 총을 분해해 보면 그것이 너무 작은 것에 깜짝 놀란다. 그런데 그것을 더욱 가볍게 하려는 것은 위험하다.

이와 같은 격철과 샤의 맞물림에 초보자가 손을 대는 것은 무모한 짓이라고 해도 좋을 것이다. 꼭 방아쇠를 가볍게 하고 싶을 때는 신용있는 총포 가게에 의뢰하여 신중하게 할 필요가 있다.

그러면 다음으로 이것도 표적으로의 명중을 좌우하는 중요한 요소가 되는 총상에 대해 간단히 설명하겠다.

스냅 슈트(포획물을 발견한 순간에 어깨에 대고 쏘는 사법. 스키트가 이것에 해당한다)에 의한 사격이 많은 산탄총에서는 라이플총의 경우보다도 총상의 형, 사이즈가 사수의 체격에 맞는 것이어야 한다. 총상이 사수의 체격에 맞느냐 어떠냐 하는 것은 ① 신장 ② 체형 ③ 머리의 크기 ④ 팔과 손가락의 길이 ⑤ 뺨의 형 등이 영향 있다.

총상이 너무 크면 어깨에 댈 때에 상미(총상

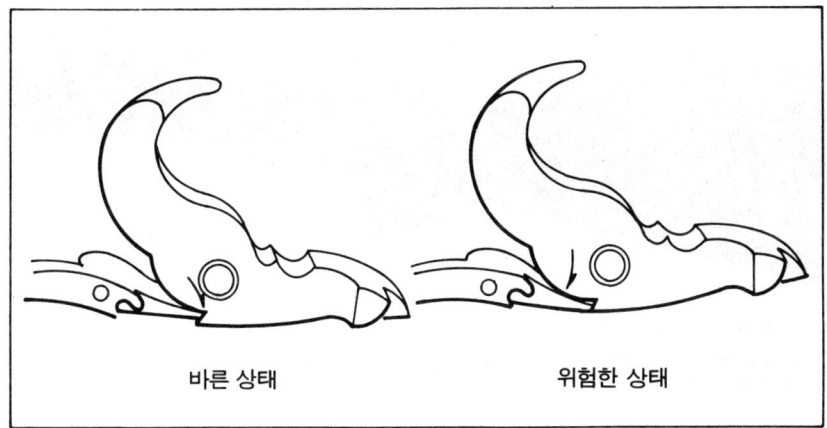

바른 상태   위험한 상태

격철과 역구의 맞물림. 왼쪽이 바른 상태. 방아쇠를 가볍게 하려고 오른쪽과 같이 가공하면 위험한 상태가 되어 폭발을 일으키기 쉽다.

미단)가 허리에 걸려 스무스한 거총을 방해하거나 또 표적의 위를 쏘아 버리게 되는 경향이 있다.

또 반대로 너무 짧으면 어깨에 댈 때에 상미와 어깨가 벌어져 반동을 강하게 느끼기 때문에 반동으로 제3의 손가락을 다치는 일이 있다. 그리고 탄착은 표적의 아래로 향하는 경향을 나타낸다.

적당한 길이의 총상을 구하는 방법은 대강적인 표현이지만 글립을 잡고 총상을 팔꿈치에 대고 팔을 구부린 상태에서 식지의 제1 관절이 방아쇠에 걸리는 정도가 좋다. 양방아쇠인 경우에는 앞 방아쇠에 걸리게 된다.

이와 같은 총상이면 총을 들어 어깨에 댄 때 스무스하게 총을 움직일 수 있을 것이다.

또 최근에는 총을 구할 때 긴 듯한 총상을 적당하게 짧게 잘라 맞추는 방법이 일반적으로, 그 중에는 특별히 총상만을 주문하는 사람도 적지 않다.

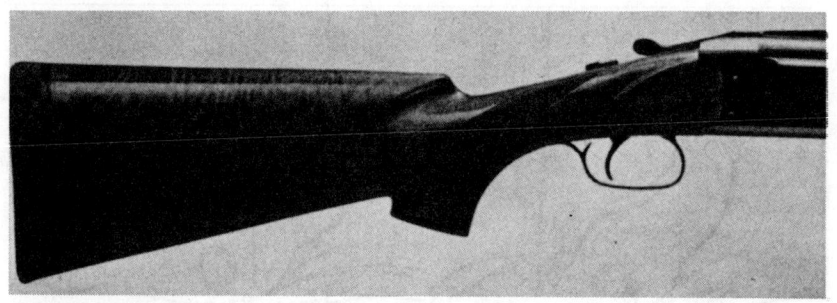

바른 총상. 총상의 구부러짐도 명중을 좌우하는 중요한 요소.

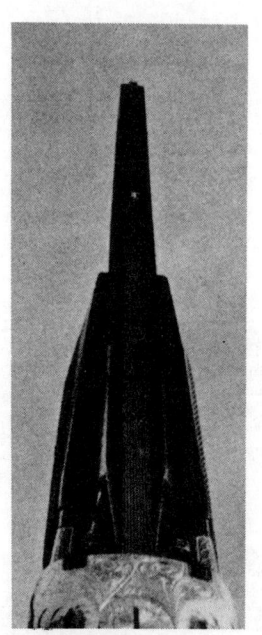

선대와 총신.

또 총상의 구부러짐도 명중을 좌우하는 중요한 요소이다. 알고 있겠지만 총상은 총의 쾌선에 대해 아래에 각도가 붙여져 있다. 이 각도를 밴드라고도 하고 각도가 크면 밴드가 깊다. 반대로 작은 경우에는 얕다라고 말하고 있다.

이 밴드는 탄착의 상하에 크게 영향을 주어 깊은 때는 표적의 아래를 쏘고 얕으면 위를 쏘는 경향이 있다. 또 밴드는 목의 길이와도 관계가 있어 긴 사람은 깊은 밴드가, 짧은 사람은 얕은 밴드가 적당하다.

총상의 구부러짐은 이 뿐만이 아닌 총신 쾌선에 대해 좌우로도 극히 조금 각도가 붙여져 있다. 이것은 어깨에 댈 때에 총신이 조준안의 앞에 가깝게 되어 겨냥하기 쉽게 하기 위해서이며 오른손잡이인 사람은 총상이 오른쪽으로 구부러져 있고, 이것을 캬스트 오프라고 한다. 또 왼손잡이인 사람은 그것과는 반대로 되어 있으며 캬스트 온 또는 캬스트 인이라고 부르고 있는데, 이것을 붙이고 있지 않은 총상도 있고 밴드 정도에는 신경을 안 써도 될 것이다. 아뭏든 총상의 사이즈는 총포가게의 충고를 잘 받도록 한다.

3. 총의 밸런스에 대해

무슨 일에나 밸런스는 중요한 것이다. 총의 경우도 예외가 아니어서 밸런스가 좋은 것은 높은 명중을 얻기 위해 더할 나위 없이 중요한 요소이다.

그러나 한마디로 밸런스라고 해도 구체적으로 설명하는 것은 상당히 어려운 일이다. 총, 특히 윙 슈트를 본명으로 하는 산탄총은 밸런스의 좋고 나쁨이 골치라고 일컬어지고 있다. 아무리 총의 정밀도가 높더라도 그것을 다루는 것은 인간이므로 밸런스가 나쁘면 좋은 명중을 기대할 수 없다.

밸런스란 요컨대 총의 중량분포이다. 따라서 밸런스가 좋고 나쁨을 분간하는 기준은 총의 중심점이 어디에 있느냐 하는 것이 된다. 일반적으로 중심점은 총신의 후단에서 약 3인치(7.62cm) 전후의 곳에 있는 것이 좋다고 일컬어지고 있다.

이것은 이것대로 분명 맞는 말이다.

그러나 조금 깊이 생각해 보면 중심점의 양쪽으로의 중량배분은 동일 중심점이라도 여러 가지가 되는 것이다.

다음 페이지에 동일 중심점에서 다른 중량배분의 일례를 나타내었는데 이것을 잘 알 수 있을 것이라고 생각한다. 구태여 숫자적인 것으로 나타내자면 일반적으로 선대와 총신과의 합계 중량이 총상과 기관부와를 합계한 것과 거

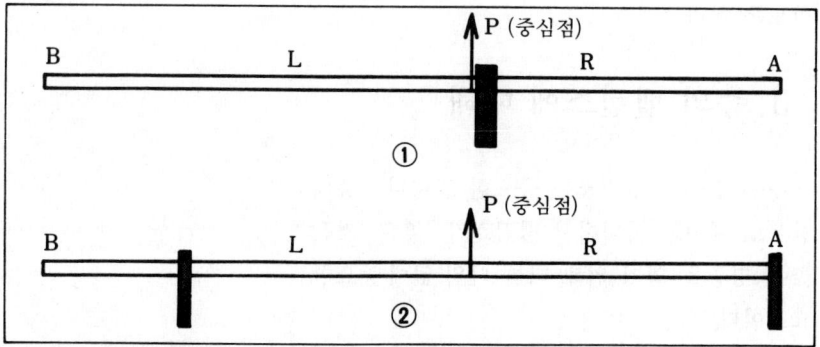

다른 중량배분이라도 중심점 P가 이동하지 않는 경우도 있다.

의 비슷하다고 해도 좋을 것이다.

3kg의 총(이 전후의 것이 많다)이라고 한다면 총신 선대와 기관부 총상이 각기 1.5kg 씩이므로 이것은 실제로 계량하여 판정할 수가 있다. 또 일류 메이커의 총은 모두 이와 같이 제조되어 있으므로 그것을 자신의 눈으로 확인하는 것도 중요한 일이다.

또 밸런스는 총을 잡을 때의 필링으로도 미묘하게 느낄 수 있는 것이다. 총을 손에 들고 그것을 어깨에 대기 이전에 밸런스가 나쁜 총은 웬지 무거운 느낌이 들고, 실제로 중량 보다 무겁게 느껴지는 것이다. 그렇다고 해도 그것은 상당히 총에 익숙한 사람이 아니면 잘 알 수 없을 것이므로 그런 경우에는 거의 동중량인 밸런스가 좋은 총을 들어 비교해 보면 곧 판별할 수 있을 것이다.

앞이 무거운 총은 피로해지면 아래를 쏘기쉽고, 그와 반대인 경우에는 당연 위를 쏘는 경향이 생긴다.

제 5 장

산탄 장탄의 기초지식

1. 장탄

산탄 장탄이 라이플 장약과 가장 다른점은 말할 것도 없이 한개의 단탄이 아닌 산탄을 발사하는 것에 있다. 본래 실렵의 경우는 산탄 대신에 한알의 탄환을 사용하여 큰것을 잡는 일도 있으나 이것은 클레이 사격과는 무관하다.

산탄은 본래가 실렵용으로서 보급되어 온 것으로 대상이 되는 것(게임)에 따라 대소 여러 가지의 것이 준비되어 있다. 그들의 크기와 호칭은 다음 페이지의 표와 같다.

클레이 사격에서는 트랩은 7호 반, 스키트에는 9호의 산탄이 사용된다.

그러나 클레이 사격에서는 표적은 클레이 피죤인 경우만이므로 사용하는 산탄은 단위 직경의 상한이 룰에 의해 정해져 있다. 실제는 트랩에는 7호반이 스키트에는 9호가 사용되고 있는 것이 현상이다.

표로 볼 수 있듯이 기본적으로는 산탄은 호수가 클수록 알이 작지만 생각으로는 호수가 큰(알이 작은) 것이 근사용(近射用)이고 호수가 작아짐에 따라 원사용(遠射用)이라고 해도 좋을 것이라고 생각한다.

다만 이것도 작은 표적에 큰알의 산탄은 패턴 누락이 일어나고 반드시 원사가 듣지 않는

실물 크기	호 수	직 경(mm)
●	1 号	4.0 ±0.1
●	2 号	3.75±0.1
●	3 号	3.5 ±0.1
●	4 号	3.25±0.1
●	5 号	3.0 ±0.1
●	6 号	2.75±0.1
●	7 号	2.5 ±0.1
●	7½号	2.41±0.1
●	8 号	2.25±0.1
●	9 号	2.0 ±0.1
●	10 号	1.75±0.1
●	11 号	1.5 ±0.05
●	12 号	1.25±0.05

산탄의 호수와 그 크기

경우도 있다.

적탄을 선택하는 것도 산탄 사격의 테크닉의 한가지이지만 클레이 사격에서는 정해진 장탄을 사용하고 있으므로 그다지 문제는 없을 것이다.

장탄의 구조는 종이 또는 플라스틱(현재는 후자가 많다)의 케이스에 발사약과 산탄을 넣어 그 중간에 피스톤역의 왓즈가 놓여 있다. 또 케이스 선단은 산탄이 흐르지 않도록 안쪽으로 접혀 있다. 이것을 스타 크림프라고 부르고 있다.

이에 대해 상단에 조금 눌러 뚜껑을 두고 케이스 주변을 조금 안쪽으로 말아 넣은 롤 크림프라는 것도 있는데 현재는 스타 크림프가 주류가 되어 있다.

롤 크림프에 대해 스타 크림프의 장점은 산탄상에 누르는 뚜껑이 없기 때문에 발사 후에 그것이 산탄의 패턴을 헝크는 염려가 없다는

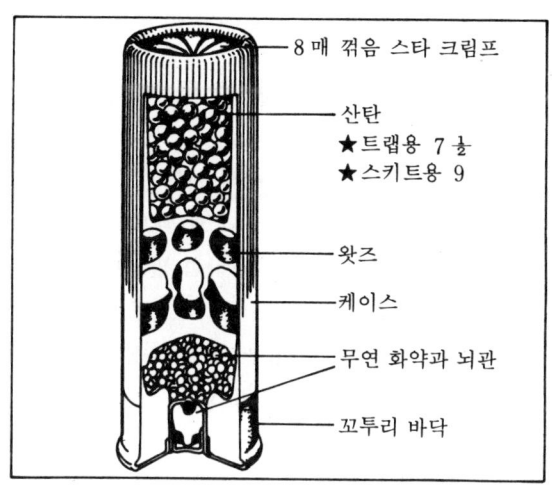

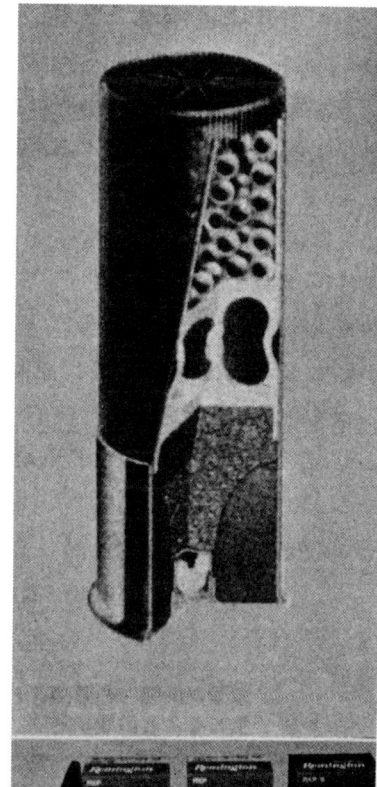

것일 것이다.

케이스가 제지이든 플라스틱제이든 그것은 몇번 반복사용이 가능하므로 산탄, 발사약, 뇌관 등 각 부품을 개별로 구하여 재사용하는 소위 리로드로 실시되고 있고 이에 필요한 공구도 시판되고 있다. 그러나 최초에는 완성된장탄을 사용하여 스타트하고 그 후에 흥미를 갖게 되면 이런 장탄 리로드를 이용하도록 권하고 싶다.

장탄을 만드는 것은 경제적인 면에서도 좋고 산탄총에 의한 산탄사격을 이론으로 즐기고 배우는 것이 되기도 한다. 일찌기 나도 장탄의 리로드에 열중한 경험이 있고 이것이 오늘날 적지 않게 사물을 이론적으로 탐구하는 소양을 갖추게 했다는 것을 알게 되었다. 그 당시로써는 공케이스 1 회만을 사용하고 버릴 수 없는 절실한 경제상태에서 출발하였었지만….

그림 左=산탄 카트릿지 내부의 명칭.
사진 上=산탄의 내부.
사진 下=산탄의 종류.

2. 쇼트 패턴과 쇼트 콜론

산탄 탄도의 실사상에서 가장 큰 요소로 산탄의 평면상으로의 산개(쇼트 패턴=산개경)와 동시에 전후로의 산개라는 말보다 퍼짐이라고 말하는 것이 좋은 것(쇼트 콜론=산개위)이 있다. 대부분의 경우 쇼트는 생략하고 '패턴' '콜론'이라고 부르고 있다.

산탄이 패턴을 형성하는 요소로써는 우선 아래 그림에 나타난 것을 생각할 수 있다. 여기에서 1~9의 산탄군이 발사된다고 가정하고 총구에서 출발한 직후에 주위의 구속이 없어졌으므로 직선 이외의 방향에서 힘이 가해지면 형이 헝클어지기 시작한다. 우선 공기의 저항에 의해 선두의 3, 6, 9가 속도를 떨어뜨려

산탄이 주위로의 산개를 낳는 원리 약도.

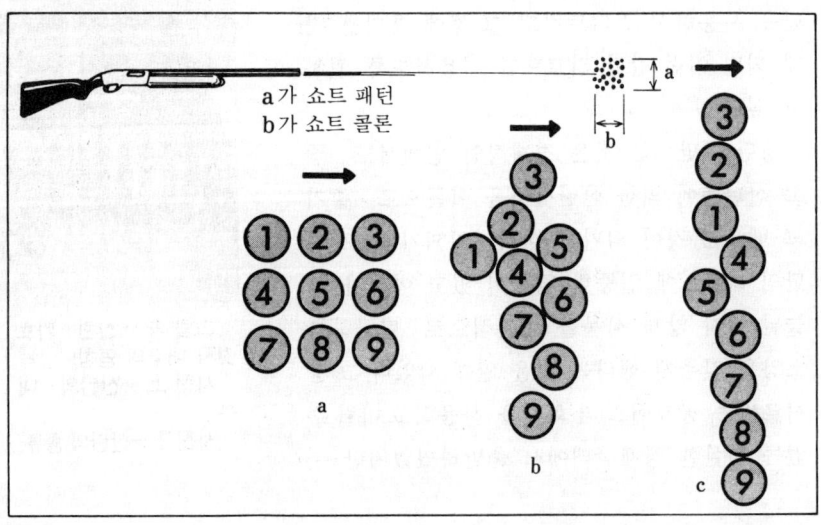

1～8로 밀어 그림 b와 같이 되고 이어서 그것은 c와 같이 되어 간다. 이 상태에서는 전체에 공기 저항이 가해지기 때문에 평면적인 패턴이 성립된다.

그런데 실제로는 이것만이 아니다. 총강내를 밀어내져 가는 산탄군은 서로 밀고 밀려 다소 변형된다. 특히 바깥의 것은 총강에 비벼져 변형도 클 것이다.

또 쵸크에 부딪치는 것은 더욱 변형이 심해지게 된다.

이렇게 하여 변형한 산탄이 총구에서 나오면 갑자기 강한 공기 저항을 만나기 때문에 필연적으로 회전을 시작한다. 라이플탄과 같이 단체축을 중심으로 한 회전이면 이것은 비행축을 갖는 쟈이로 효과가 되어 탄도는 안정된다. 그러나 어떻게 변형된지도 모르는 우그러진 구체가 회전을 시작하면 그것은 주어진 진행방향을 크던 작던 간에 벗어난 원심력이 되어 작용하여 패턴은 점차 커진다.

다음에 또 한가지의 산개, 즉 산탄의 전후로 퍼짐에 관한 것이다. 이 콜론을 형성하는 요소도 단순하지는 않아 여러 가지를 생각할 수 있다. 예를 들면 산탄 제조시의 미소한 질량의 산탄이나 개개의 형의 차이 등은 발사 후의 존속체감률(탄속이 감소해 가는 율)에 차이를 낳는다. 이것이 산탄의 퍼짐이 되어 사정과 함께 증대해 가는데 실제는 그 보다도 산탄을 밀어내는 피스톤의 역할을 하는 왓즈와 쵸크가 콜론의 형성에 큰 영향을 준다고 알려져 있다.

그 원리도를 나타낸 것인데 a는 쵸크가 없

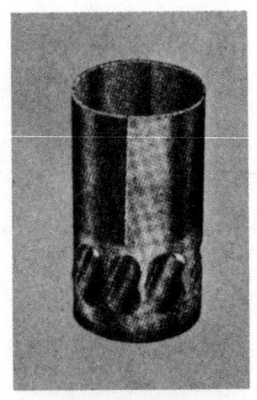

컵 왓즈의 일종. 재질은 플라스틱인 것이 많다.

산탄이 전후로의 퍼짐을 낳는 것의 원리 약도.

는 평통 시린더 총신에 의해 발사된 것이다.

이 경우 왓즈는 가스에 의해 얌전하게 총구에서 산탄을 밀어내고 있다. 그래도 전술한 이유로 왓즈는 생기지만 그다지 크지는 않다.

다음에 b와 같이 가스에 의해 밀려 내어진 왓즈와 산탄이 쵸크부에 달하면 산탄은 그때까지의 관성에 따라 쵸크에 의한 조리개 효과를 주면서 날아간다. 그러나 동시에 총강 가득한 크기(이것이 왓즈의 원칙)의 왓즈는 쵸크에서 순간 속도를 떨어뜨린다.

그러므로 이 때의 탄성으로 산탄은 b와 같이 조금씩 간격을 벌리며 총구로 나아가게 된다.

이 현상은 왓즈에 경질인 것을 사용할수록 현저해진다. 따라서 왓즈의 재질은 콜론의 장점과 미묘한 관계에 있다는 것을 알 수 있다.

이상의 일을 요약하면 쵸크 총신은 시린더 총신에 비해 패턴을 작게 하고 콜론을 깊게 하

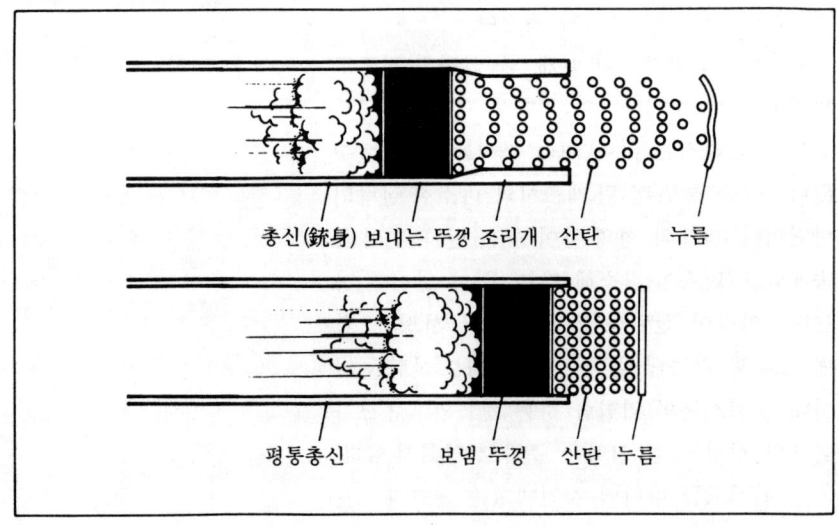

는 성질이 있고 시린더 총신은 그 반대이다.

또 왓즈에 의한 콜론의 영향을 적게 하면 사정 한내에서 승부하려는 최근의 트랩 사격 경향에서 컵 왓즈라고 불리우는 것이 사용되는 경우가 많아지고 있다.

이것은 강한 쵸크의 총신에서 발사해도 콜론의 퍼짐을 막는 것과 함께 패턴의 산개를 다소 지연시키는 경우도 유효하므로 특히 트랩 장탄에 보급되어 가고 있다. 이 말은 근사정의 스키트용으로써는 이와 같은 장탄은 반대로 부적당하다는 뜻이다.

3. 리드와 스윙

대공사격이나 공중전 또는 주행하는 전차로의 사격 등에서 '표적의 미래 방향으로 조준'이라는 말을 한다.

요컨대 이동표준으로의 사격은 표적 그 자체를 겨냥해서는 명중하지 않으므로 그 미래 위치(탄환이 이르는 위치)로 명중시키는 것이다. 이를 위해 현대의 군사 화기 등에서는 컴퓨터를 구사하여 미래 위치를 산정하여 조준 사격한다는 것은 잘 알려져 있다.

그런데 산탄총 사격은 바로 이와 같은 성질의 사격이며 사수의 두뇌는 컴퓨터의 역할을 해야 하는 것이다. 그리고 클레이 사격은 그 FCS(화이어 콘트롤 시스템 = 사격 통제 장치)의 우열을 겨루는 경기이기도 한 것이다.

클레이 사격(실렵에서도)의 경우 이와 같은 미래 위치로의 조준에 대해 '리드'라는 표현

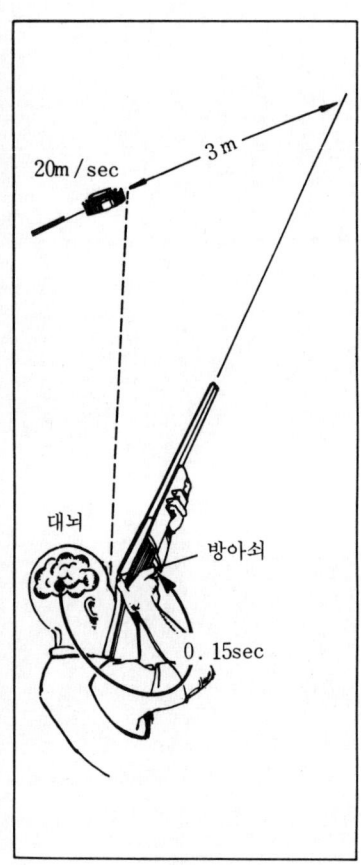

산탄의 탄속을 무시한 경우라도 초속 20미터의 클레이는 대뇌의 지시에서부터 방아쇠를 당길 때까지 3 m나 이동해 버린다.

을 사용하고 있다.

이하에서는 리드로써 해설해 가기로 하겠다.

그러나 산탄총에 의한 사격이 미경험인 독자는 '리드의 필요는 안다. 그러나 대공 사격과 같은 고속의 항공기를 쏘는 것이 아니고 게다가 근거리에서의 산탄 사격이므로 그렇게까지는 생각하지 않아도……'
라는 의문이 생길 지도 모른다.

그러나 이것은 실제로 쏘아 보면 곧 납득할 수 있을 것인데, 아무리 산탄이라고는 해도 리드는 상당한 양이 필요하다. 특히 사수의 앞을 옆으로 날으는 경우 등에는 마음 먹고 앞을 쏘지 않으면 맞지 않는다. 물론 이것과는 반대로 사수의 정면을 똑바로 날아가는 클레이와 같은 경우는 거의 리드는 필요하지 않다.

그러므로 리드를 필요로 하는 요소를 생각하면 다음과 같은 것을 들 수 있다.

① 표적(클레이)이 날고 있는 것.

② 산탄이 표적에 달할 때까지 시간이 걸리는 것.

③ 두뇌가 발사를 명하여 손가락이 움직일 때까지 약간의 시간 지연이 있는 것.

등이다. 그 외에 록 타임이라고 불리우는 방아쇠가 당겨진 후에 격침이 뇌관을 찌르고 격발될 때까지의 시간도 물리적으로는 존재하지만 그것까지를 신경써서 생각할 필요는 없다고 생각한다.

이상의 요소 중 산탄의 표적으로의 도달시간은 탄속을 올리는 것으로 조금은 단축이 가능하지만 탄속을 무리하게 빠르게 하면 패턴이 헝클어지므로 여기에는 한도가 있다. 또 시판의 장탄을 사용하는 한은 그 이상 개선의 여지는 없게 된다.

또 ③에 있어서 인간의 생리적인 지동(遲動) 즉 반사신경인데 이것은 어떤 정도는 트레이닝에 의해 민감해지게 될 것이다. 그러나 어쨌든 이에 의해 생기는 시간을 제로로 하는 것은 불가능하므로 이 지연을 다른 방법으로 커버해야 한다. 그러므로 리드가 절대 불가결한 이유가 존재하는 것이다. 숫자에 의해 그 일예를 설명하겠다.

스키트 사격의 4번 사대는 전형적인 옆쏘기가 되는 사격대이다. 여기에서 클레이의 비행속도는 초속 20미터라고 하고(다소 늦음) 대뇌에서의 지시에 의해 손가락이 방아쇠를 당기기까지의 시간을 0.15초(평균적인 숫자)라고 하자. 이 동안에 클레이는 3미터 이동하는 것이므로 이것은 아무리 산탄이라고 해도 클레이 그 자체를 겨냥해서는 맞힐 수가 없다. 바꾸어 말하자면 산탄이 날아갈 때에 클레이는 3미터 앞서 가게 되는 것이다.

이에 덧붙여 반사신경에는 개인차가 있으므로 단순히 3미터 앞을 쏘면 된다는 것은 아니다. 게다가 직경 10cm 정도의 클레이로 게다가 상당한 고속으로 날으는 클레이의 3미터 앞이라는 계산은 결코 용이하지 않다. 이것은 상상으로도 납득할 수 있을 것이라고 생각한다.

그러므로 그 어려운 리드를 위해 그다지 개인차나 사각에 의한 차가 적어지는 사격법이 연구되고 있다. 요컨대 리드양을 적게 하고 측

리드의 양과 방향은 클레이 사격의 전부라고 해도 좋다. '이것으로 완전하다'라는 것은 없다.

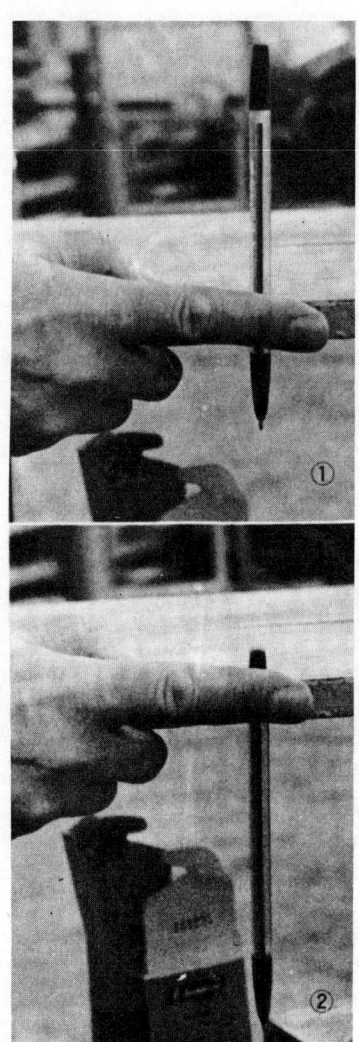

손가락에 의한 반사신경의 테스트. 아무리 빠르게 움직여도 사진 ①~②와 같이 볼펜은 낙하되어 버린다.

량이 쉬워 겨냥점을 파악하기 쉬운 사격 방법이다.

이 사법은 깊이 파고 들자면 총을 스윙시키면서 쏘는 것이라고 요약할 수 있을 것이다. 그러나 같은 스윙 슈트라도 사격에 따라 여러 가지 방법이 있고 적합하고 부적합한 것이 있고 또 어떤 쏘기에서 다른 사법으로 전진해 가는 것도 있다.

우선 총을 스윙시키면서 즉 겨냥점을 이동시키면서 쏘는 것인데 이것은 반사신경의 개인차를 적게 하고 리드양을 일정하게 하는 것과 연관된다.

만일 총의 스윙이 클레이의 비행속도와 같으면 대뇌가 명하여 손가락이 움직일 때까지의 시간차는 무시해도 좋을 것이다. 이것은 다시 말해서 리드양에 개인차가 없어진다는 것을 의미한다.

스윙 슈트는 불가결한 조건이라고 설명하였으나 이에 대해 클레이의 미래 위치에 겨냥점을 정해 두고 기다렸다가 쏘면 어떨까 하는 의문을 갖는 사람도 있을 것이다.

분명 스키트의 경우는 특히 클레이의 코스가 정해져 있기 때문에 이와 같은 사법도 가능할 것이다. 또 실제로 이에 가까운 사법으로 쏘는 사수도 적지 않다. 그러나 이것도 일단 겨냥점을 잡은 뒤는 클레이와 함께 총을 스윙시키면서 방아쇠를 당기는 것으로 결코 총을 멈추고 쏘는 것은 아니다.

만일 총을 멈춘 채 클레이가 어떤 점에 달했을 때 방아쇠를 당겨 쏘면 몇 발인가는 맞겠지

스키트 사격에서는 겨냥점을 잡은뒤는 클레이와 함께 총을 스윙시키면서 당긴다. 총은 멈추고 쏘는 것이 아니다.

만, 반사신경의 개인차 이전의 문제, 즉 매회 방아쇠를 당기는 시간차에 의해 결코 콘스턴트한 명중은 얻을 수 없는 것이다. 이 점이 고무 코너의 광선총과 다르다고 할 수 있을 것이다. 그러면 어떻게 하여 리드를 하면 좋을까에 대해 설명하여야 하겠는데 그 점에 대해서는 실기의 항에서 설명하기로 하겠다.

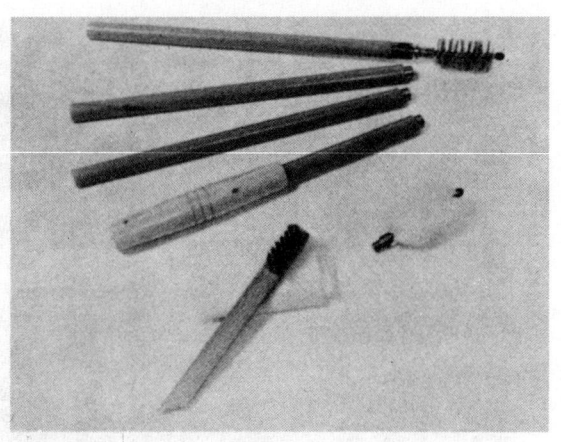

편리한 조립식 소제기구.

제 6 장

총의 손질에 대해

총을 처음 잡은 사람으로부터 총의 손질, 특히 쏜 뒤의 손질을 어떻게 하면 좋을까 또 사용하지 않을 때는 어떻게 하면 좋을까? 하는 질문을 받는다.

국산총이 보급되고 또 수입총의 구입이 쉬워졌다고는 해도 그래도 가격은 높아 서민에게 있어서 총은 귀중한 자산의 하나이다. 따라서 그 손질에 신경을 쓰는 것은 당연한 일이라고 할 수 있을 것이다.

일찌기 흑색 화약을 사용할 무렵은 총의 손질, 즉 총신의 손질은 큰일이었다. 흑색 화약은 타고 난 찌꺼기가 다량으로 남고 녹슬게 하는 작용이 강했기 때문이다. 출렵하여 저녁에

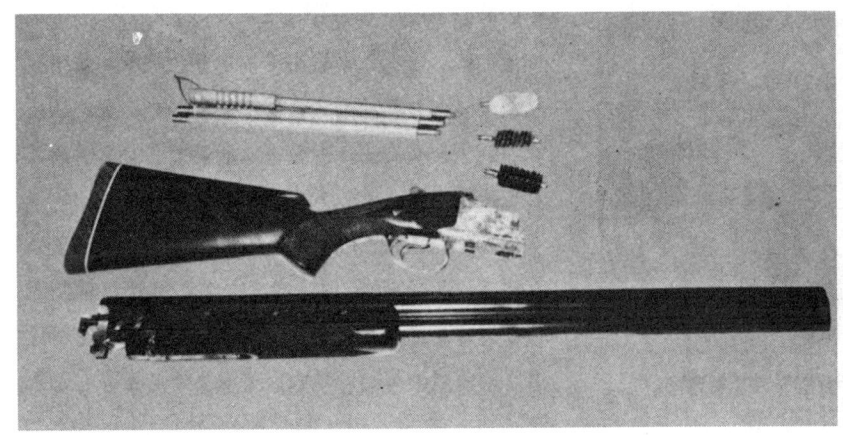

총의 손질

지쳐 돌아와 총을 그대로 두면 다음날 아침은 총신 내에 녹이 슬어 있을 정도였다.

또 무연화약의 시대가 되어도 뇌관에 수은이 사용되고 있던 시대가 전쟁 후에도 한동안 계속되었다. 당시도 잠시 부주의하면 강면에 녹이 슬어 실망했던 것이다.

그에 비하면 현재는 뇌관도 녹이 슬지 않게 되어 있고 총강면의 록 메기도 보급되어 있어 손질은 간단하게 되었지만 그 나름대로 그 양부(良否)는 역시 총의 수명에 영향이 있으므로 적당한 손질을 해 두어야 한다.

우선 총에서 가장 녹이 슬기 쉬운 것은 두말할 것도 없이 총강면이다. 발사시에 1000기압 전후의 고압 가스가 닿는 총강면은 가스 입자가 총강면에 끼어 그것이 녹을 슬게 한다. 최근의 총강면은 잘 녹이 슬지 않지만 장시간에는 녹이 슬어 총강면이 손상되므로 역시 사용 후에는 그 날로 손질을 하는 습관을 붙여 둔다.

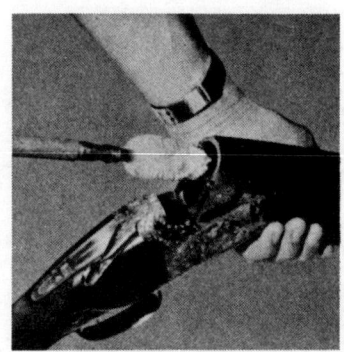
흰 헝겊으로 찌꺼기를 제거한다.

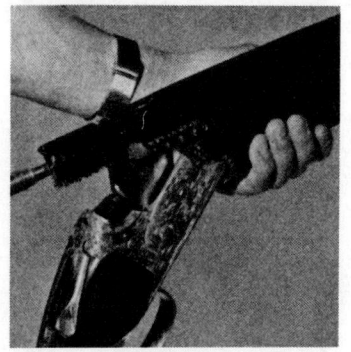
털브러쉬로 흑연을 털어 낸다.

진유제(真鍮製)로 흑연을 털어낸다.

특히 가끔 사용하는 총은 사용 빈도가 높은 총 보다 녹이 슬기 쉬우므로 주의가 필요하다. 아뭏든 사격 후는 사격장에서 곧 손질을 하고 나서 귀가하도록 하는 것이 좋을 것이다.

그러므로 손질 방법과 순서를 알아 보겠는데 우선 소제봉에 부드러운 헝겊을 감아 총강 면의 남은 찌꺼기를 제거한다. 헝겊은 흰 명주 등이 적합하고 이 전용의 것을 총포점에서 구입할 수 있다.

이것을 2, 3회 실시하고 헝겊이 더러워지지 않게 되면 총구를 밝은 곳에 향하고 내부를 본다. 총강면이 거울처럼 깨끗해지면 되는데 부분적으로 다소 거뭇하면 그것은 산탄에 의해 흑연이 부착한, 소위 리딩이므로 소제 솔에 오일을 묻혀 몇 번 비벼 흑연을 제거한다.

그 다음 또 흰 헝겊으로 기름을 제거하여 흑연의 부착 유무를 확인한다. 깨끗하면 헝겊에 녹스는 것을 방지하는 오일을 조금 많이 묻혀 총강면에 바르면 끝이다.

흑연을 털어내기 위해 솔을 사용하는 것은 그것이 비록 부드럽다고는 해도 총강면을 다치므로 사용을 최소한으로 하는 편이 좋을 것이다. 단단한 크롬 메기라도 몇 번 반복하면 상처가 날 것이다.

이와 같은 손질은 총을 장기간 사용하지 않을 때는 2, 3일에 2번 정도 반복해 두면 만점이다. 마지막으로 방청 오일을 듬뿍 발라둔다.

외부 손질은 오일을 바른 헝겊으로 닦는 것만으로도 충분하다. 이것도 검게 착색되어 있는 부분은 너무 닦지 않는 편이 좋을 것이다. 너무 닦으면 착색이 벗겨져 버릴 위험이 있다.

또 맨손이 닿는 곳은 반드시 오일을 다시 발라둔다. 충분히 닦아두지 않으면 손의 염분이 부착하여 지문의 녹이 난다.

2연총인 경우 기관부 내에는 거의 먼지가 들어가지 않으므로 일상의 손질은 외부와 개폐 레버 부분, 그리고 방아쇠 주변 등을 움직이면서 기름을 바르고 그 외는 보통 기름을 바르는 것만으로 충분하다. 자주 격침 구멍에 오일을 주입하는 것을 볼 수 있는데 그것은 좋지 않다. 내부에 오일이 쌓여 오히려 역효과이다. 또 쌓여 있던 오일이 금속과 목부의 접합부로 번져나와 총상을 변색시키는 일도 있다.

한편 각종 자동총이나 스라이드 액션총은 발사 때마다 약실이 개방되어 기관부에는 이물이 들어가기 쉽다. 그러므로 이 종류의 총은 일상 손질할 때 반드시 기관부의 청소나 도류를 소홀히 하지 않도록 한다.

또 자동총은 총신후퇴식(반동식)과 가스압 작동식(총신고정식)이 주로 선대를 벗어난 후는 탄창 외면의 손질이 반대가 되는 것에 주의한다.

최근에는 국산총도 많고 애용자가 늘고 있는 가스압 작동식 자동총은 튜브 탄창 바깥쪽에 가스가 들어가 환상(環狀) 피스톤을 밀어작동한다. 따라서 이 외주(外周)가 지저분한데 이 부분은 절대로 오일 헝겊을 사용해서는 안 된다. 마른 헝겊으로 닦지 않으면 남은 오일 가스와 찌꺼기가 섞여 끈끈하게 되어 피스톤의 스라이드를 방해하여 작동불량을 일으킨다. 만일 아무리 해도 더러움이 가시지 않으면 케로신 등으로 닦아내어 오일이 완전하게 남지 않도록 해야 한다.

또 총신 스라이드식의 반동이용 총은 반대로 이 부분의 손질 뒤에 가볍게 도류해 둔다. 도류를 너무 많이 하면 이 부분의 브레이키 효과가 감소하여 총신의 스라이드가 강해지고 반동을 강하게 느끼거나 부품의 손상을 일으킨다. 상세하게는 구입한 총포점에서 잘 설명을 듣는다.

손질이 잘된 총은 아름답다. 애총은 언제나 손질을 게을리 하지않도록.

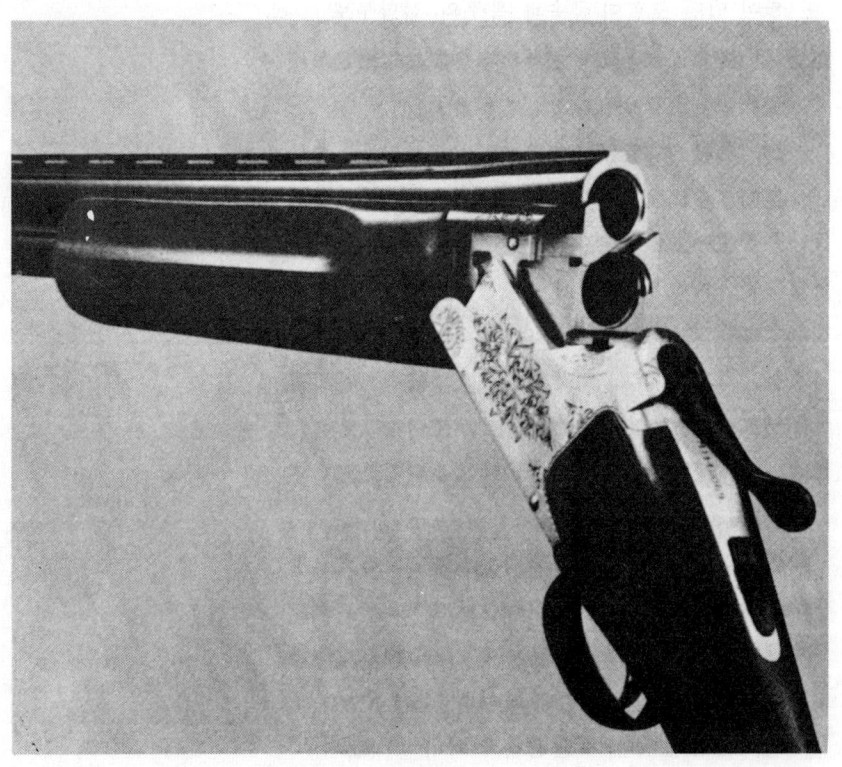

제7장

클레이의 악세서리

1. 총에 필요한 악세서리

클레이 사격은 라이플 사격과는 달리 아무래도 필요한 악세서리가 그다지 많지 않다. 라이플 사격의 경우는 탄착 감시(彈着監視)의 감적(監的) 스코프나 사격 코트 등 여러 가지 악세서리가 있어 모두 갖추어 사격장에 나가는 것은 상당한 일이다. 그 점에서 클레이 사격은 극단적으로 말하자면 총과 장탄이 있으면 시작할 수 있는 가벼운 레저라고 할 수 있다.

그러나 그렇게는 말해도 갖추면 편리한 악세서리는 여러 가지 있으므로 그것에 대해 간단하게 설명하도록 하겠다.

우선 총을 사면 이것은 동시에 갖추어야 한다고 할 수 있는 것(총도법에 의무 지워져 있다)에 건 록커가 있다. 사실 전용 건 록커가 아니래도 좋지만 역시 전용인 것은 그 나름대로 편리하게 만들어져 있고 손질 용구 등의 수용에도 형편이 좋으므로 가능하면 총포점에서 취급하고 있는 것을 구하도록 권하고 싶다. 총을 구입할 때에 동시에 예산 속에 넣어 두는 것이 좋을 것이다.

또 한가지 역시 의무적으로 갖추어야 하는 것

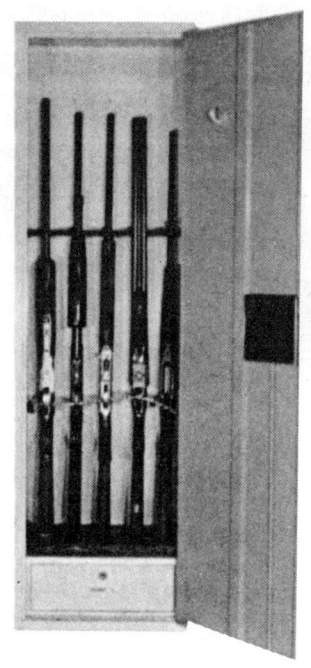

건 록커

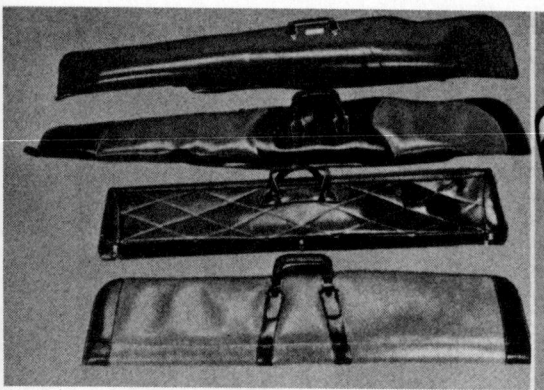 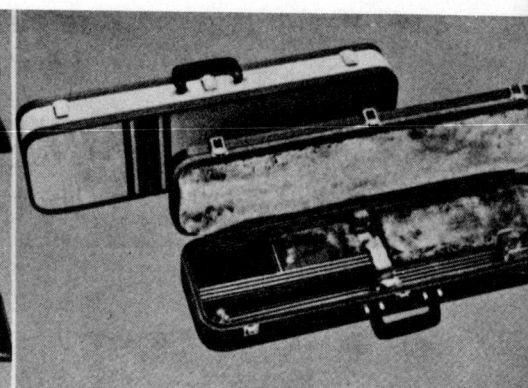

여러 가지 건 케이스.
사진左=비닐제는 7,000원.
사진右=트렁크식 건 케이스는 15,000~20,000원.

이 장탄 록커이다. 법률적으로는 총과 탄약은 각각 단단한 시정설비 속에 넣도록 되어 있다. 따라서 장탄용의 록커가 필요하므로 이것도 총포점에 있는 전용의 것이 좋을 것이다. 역시 총을 구입하는 경우에 예산에 넣어 두어야 한다.

그러나 장탄 록커는 총 그것에 비하면 유용으로도 맞는 경우가 있다. 예를 들면 스틸 상자의 서랍(물론 열쇠가 있는) 등은 더 안전할지도 모른다.

다음에 절대로 필요한 것이 총 넣을 것, 건 케이스이다. 역시 법률로는 총의 운반시에 속에 넣어 운반할 것을 의무짓고 있으므로 총을 구입할 때에는 이것도 예산을 보아 둘 필요가 있다. 고가인 것은 트렁크식으로 되어 있고 싼 것은 비닐 자루식인 것 등 종류도 여러 가지,가격도 여러 가지이다.

총을 손질하는 경우 손질 용구도 필요하다. 이것에도 여러 가지 종류가 있고 최소한 필요한 것은 청소용 봉과 솔이 달린 흑연 털이와 건 오일 등일 것이다. 이에 덧붙여 총강내를 닦는

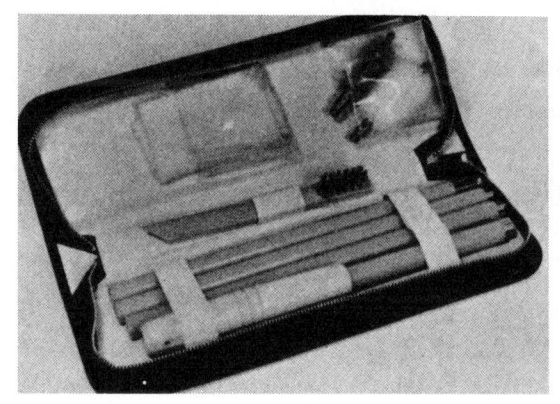

총의 손질 용구세트 3,000원

솜뭉치나 브러시 등도 편리하다. 이것도 세트로 되어 있는 것이 있다.

건 오일은 반드시 전용유를 필요로 하는 것은 아니지만 스프레이식인 것 등이 편리하므로 그것을 권하고 싶다. 또 목부로의 총상용에도 전용인 것이 있으므로 그것을 갖추어 두는 것은 애총가 자격의 한가지일 것이다.

다음에 역시 애총가라면 바라는 것이 공격 케이스이다.

총을 넣어 둘 때에 격발 방아쇠는 안정시켜 두지만 방아쇠를 당기면 공격이 된다. 한번이나 2번은 큰 일이 아니지만 그것이 거듭되면 격침이 끊어지는 일이 있다. 그러므로 실사 때와 같은 저항을 격침에 주기 위해 공격 케이스를 사용하여 방아쇠를 내려 두는 것이다.

사진左=스프레이식 건 오일. 게베롯트 1,000원, 국산품 500~600원.
사진右=공격 케이스 1개 600원.

2. 클레이 사격의 악세서리

그럼 다음으로 클레이 사격용으로써의 악세서리를 소개하겠다.

우선 아무래도 필요한 것이 사격용 베스트일 것이다. 색 디자인 등 여러 가지이므로 기호에 맞추어 구하면 된다. 사격대에서 사격대로 장탄을 넣어 이동하기 위해서 가능한 앞에 주머니가 달려 있는 것이 좋을 것이다.

다음에 필요불가결한 것은 아니지만 모자 등은 재미있는 악세서리이다. 마음이 맞는 동료끼리나 그룹끼리 같은 모자에 배지 마크 등을

사진右=가죽제 헌터 조끼 7,000원.
사진左=이런 특수 주문 가죽 베스트도 있다. 20,000원.

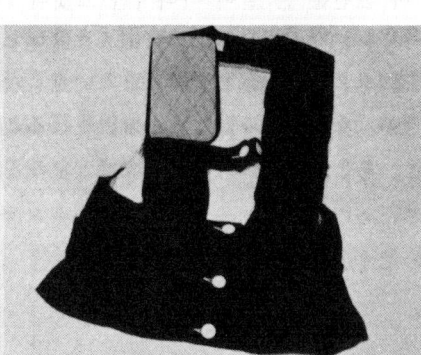

사진 右左=클레이 사격용은 아니지만 모자도 악세서리. 하나에 2,000원.

 넣어 클레이 사격을 즐기는 것도 좋을 것이다. 사진으로 2개 정도 들어 놓았다.

 또 이것도 가능하면 준비하는 것이 좋은데 총성으로부터 귀를 보호하는 이어 프로텍터이다. 총성을 들으면서 클레이를 하는 것은 기분 좋은 일이지만 회를 거듭하면 귀를 상하게 하고 만다.

 또 자신 보다도 타인이 옆에서 쏠 때 총성이 귀에 울린다. 그 당시는 알지 못해도 수년 후 또는 노인이 되어 난청이나 이명이 되는 수가 있다. 실은 나도 젊었을 때에 이런 편리한 것이 없었기 때문에 귀를 보호하지 않고 쏘았다.

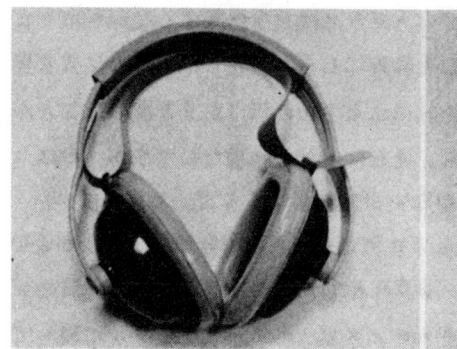 

사진左=이어 프로텍터 3,000원.
 사진右=이어 프러그 1,000원.

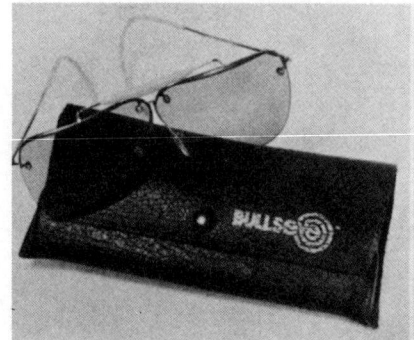
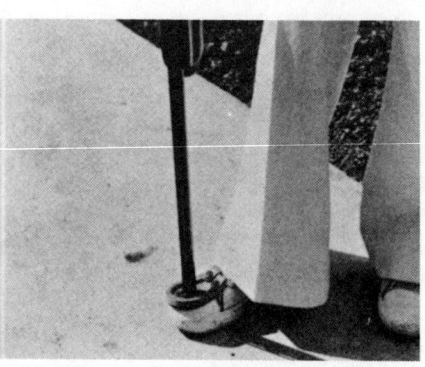

사진 左=사수의 아이 프로텍터로써 이상적인 허드슨 선글라스 20.000원.
사진 右=신발에 착용하면 편리한 마즐 레스트 1,500원.

그 결과 지금에 와서는 왼쪽 귀에 1년 내내 매미가 울고 있는 형편이다. '솜이라도 넣고 쏘았더라면 좋았을 것을' 하고 생각하지만 이미 때는 늦은 것으로, 앞으로 클레이 사격을 하는 사람은 충분히 주의하기 바란다.

사진과 같은 프로텍터는 싫다 라는 사람은 보다 간단한 이어 프러그가 있다. 이들 보호구도 최근에는 여러가지가 연구되어 회화음은 들려도 총성은 감소되는 것 등 좋은 제품이 출하되고 있다.

사수의 몸을 보호하는 또 한가지 악세서리로 선글라스가 있다. 최근에는 사격용으로 투과 광선의 파장선을 생각한 여러 가지 제품이 개발되어 있다. 명암에 따라 선택한다. 밝은 날은 그린, 어두운 날은 노란색 등으로 나누어 사용하면 효과가 있고 스코어 향상에도 도움이 될 것이다.

또 선글라스는 눈을 보호하는 역할이 있다. 총이든 장탄이든 현재는 제품의 품질 관리가 좋아 그에 의한 사고 이야기는 그다지 들은 적이 없다. 그것도 그런 대로 좋은 일이지만 역

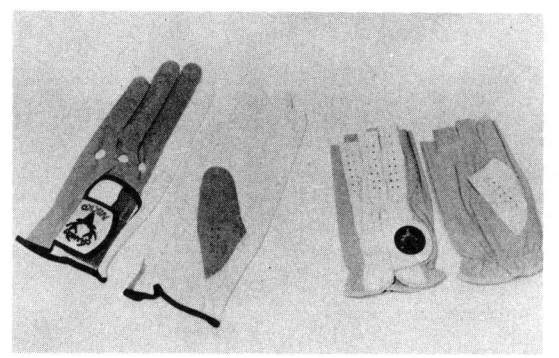

사격용 글러브 3,000~5,000원.

시 중요한 것은 눈이므로 가능하면 선글라스로도 프로텍트하면 좋을 것이다. 사진으로 실은 것은 매우 경질의 플라스틱 렌즈로 에어 라이플로 쏘아도 상처가 나지 않을 정도이다. 이와 같은 선글라스는 사격용으로써는 이상적이라고 할 수 있다.

이 외 필수품은 아니지만 사격용 장갑이나 신발에 대어 총을 세우는 악세서리 등은 작은 것이지만 준비하면 매우 편리하다. 또 이들 이외에도 총포점의 쇼 케이스에는 여러 가지 악세서리가 있다.

그것을 예산이나 기호에 따라 조금씩 사 두면 클레이 사격도 보다 한층 재미있어 질 것이다.

실기편

리드는 어려운 테크닉이다.

제 8 장

리 드

1. 바른 리드

실렵에서도 마찬가지이지만 먼저 클레이 사격은 가만히 생각하면 바른 리드가 최대의 포인트가 된다 라고 설명할 수 있다. 그러므로 정확한 리드를 하는 방법을 설명한 다음 스키트 사격과 트랩 사격의 실기로 들어가기로 하겠다.

우선 정확한 리드라는 것인데 이 자체가 상당히 어려운 것으로 전술한 바와 같이 반사신경의 개인차, 체격에 따른 변화, 클레이 비행속도, 풍향에 의한 변화 등 리드가 일정해지기 어려운 조건이 있다. 따라서 결국은 이론적인 연습이 중요하게 되는데 그때 비과학적인 연습을 하게 되면 나쁜 습관에 물들어 버리고 만다.

일단 나쁘게 쏘는 방법이 몸에 배면 그것을 고치기가 상당히 어렵다. 스키트든 트랩이든 최종적으로는 리드의 테크닉이 사기를 지탱해 주는 것이 된다.

그러므로 실제로 어떻게 하여 리드를 할 것인가가 문제인데 이것에는 기초적으로 다음과 같은 세가지 종류의 방법이 있다.

이들 방법에는 각기 특색이 있어 그 어느 것을 우열짓는다는 것은 어려우며 일장일단의 사법이므로 어느 것을 취할 것인가는 사수 개인의 문제라는 것을 먼저 말해 둔다. 또 다음에 서술할 사법을 병용하고 있는 사수도 적지 않은데 그 경우는 각종 사법의 장점과 단점을 잘 이해한 후에 신중하게 조합하는 것이 중요하다.

그렇지 않으면 나쁜 조합이 되어 단점과 단점이 상승작용을 일으켜 리드가 흔들릴 우려가 있다.

상당한 수준의 베테랑 선수가 사법을 바꾸어 스코어가 극단적으로 떨어져 버려 슬럼프에 빠져 고민하고 있는 것을 본 적이 있다.

최종적으로 리드의 테크닉이 클레이 사격의 전부이다.

2. 폴로우 드루 슈트

스윙 사법이라고도 불리우고 있는데 산탄총 사격에서는 가장 전통적인 사법이라고도 할 수

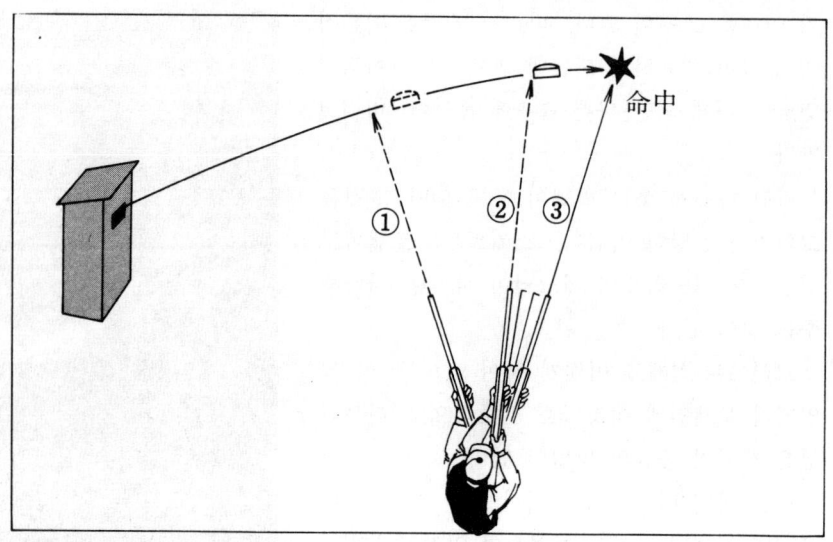

폴로우 드루슈트와 총구와의 관계.
① 클레이의 뒤를 쫓아 총을 들고 어깨에 대고 스윙에 들어가 스피드를 올려 클레이를 쫓아간다.
② 클레이를 앞지른 때에 방아쇠를 당긴다.
③ 스윙 스피드를 떨구지 않고 뺄 수 있다.

있을 것이다. 클레이 사격만이 아닌 실렵에서도 일반적으로 사용되고 있다. 또 클레이 사격의 경험이 없는 실렵만 하는 헌터에게도 가장 많이 볼 수 있는 사법이기도 하다.

폴로우 드루라는 그 명칭과 같이 이 사법은 날아가는 클레이를 쫓으면서 조준하여 클레이를 따라 잡아 앞질러서 방아쇠를 당겨 쏘는 사법이다.

트랩의 경우는 거총하고 어깨에 붙인 채 총구(조성)로 클레이를 쫓고 클레이를 앞지른 곳에서 방아쇠를 당긴다.

또 스키트에서는 총을 어깨에 대고 기다릴 수가 없으므로 클레이의 방출과 동시에 총구(조성이 아닌)로 클레이의 비행선을 쫓으면서 거총하고, 어깨에 대는 것과 거의 동시에 클레이를 따라잡아 조성으로 겨냥점을 잡은 순간에 방아쇠를 당긴다.

클레이를 쫓고 그리고 앞지른 시점에서 총의 스윙은 클레이의 속도 보다 상당히 빨라지므로 그대로 스윙을 계속하면서 방아쇠를 당기면 반사신경의 지연으로 필연적으로 클레이 앞을 쏘게 되고 그것이 리드가 되어 명중하는 것이다.

이 사법의 이점으로써는 총의 스윙이 가속되어 빨라지기 때문에 소위 멈춤이 일어나기 어렵고 그리고 겨냥점을 순간적으로 잡기 때문에 방황을 낳기 어렵다는 것을 들 수 있다. 여기에서 '멈춤'과 '방황'이라는 말을 설명하기로 하겠다.

클레이 사격에서는 실중(명중하지 않는 것)의 직접적인 원인은 대부분이 전자인 멈춤에 의한 것이고, 게다가 그 멈춤이 되는 원인이 방황에 의한 경우가 적지 않다는 인과관계가 있다.

멈춤이라는 것은 총을 스윙시켜 겨냥점을 잡아 방아쇠를 당긴 순간 그 스윙을 멈추어 버리는 것을 말한다. 대부분의 경우 발사 후에 스윙은 재개되고 또 발사의 반동도 있어 사수 자신도 스윙 정지를 알지 못하고 있다. 그러나 이로써 0.1~0.15초는 어떤 손가락의 움직임이 늦어지기 때문에 적정한 리드는 기대할 수 없고 명중은 막연하게 될 것이다.

'그 정도 만큼 앞을 겨냥하라'라고 고쳐하는 사람이 있는데 그것은 근본적인 치료법이 아니며 어디까지나 멈춤을 근절시키지 않고서는 스코어의 향상은 무리이다.

한편 이 멈춤을 일으키는 원인의 하나에 방

황이 있다. 겨냥점을 정할 때 결단을 내리지 못하고 방황한 결과 총의 스윙이 멈추어져 버리는 것이다.

폴로우 드루 슈트는 총의 스윙이 빠르기 때문에 이 방황이 생기는 시간이 적어 방아쇠를 헤매지 않고 당기는 사법이다. 단 스윙을 너무 빨리 하면 총이 클레이를 앞질러 버려 겨냥하기 위해 멈추어야 할 것이므로 너무 스윙을 빨리 하지 않는 것이 요령이다. 그러기 위해서는 클레이의 속도에 환혹되지 말고 침착하게 천천히 스윙(폴로우 드루)을 한다.

한편 이 사법의 단점은 겨냥점을 잡는 시간이 짧아 조성과 클레이의 관련 위치를 확인하는 것이 곤란하고 겨냥점(클레이에 대한 상하 등)의 수정이 어렵다는 것을 들 수 있다.

'아무리 내려 쏴도 조금도 명중되지 않는다.' 라는 실증의 타입이 이 사법의 결점이다.

또 체조나 시합 시간의 경과로 스윙의 속도가 변화하고 그 결과로써 리드양이 변화하는것도 이 사법의 단점이다. 따라서 보통 연습에서는 항상 스윙 속도를 일정하게 유지하는 노력을 거듭해야 한다. 일반론으로써는 이 사법은 트랩 및 실렵에 적합한 사법이라고 해도 좋을 것이다.

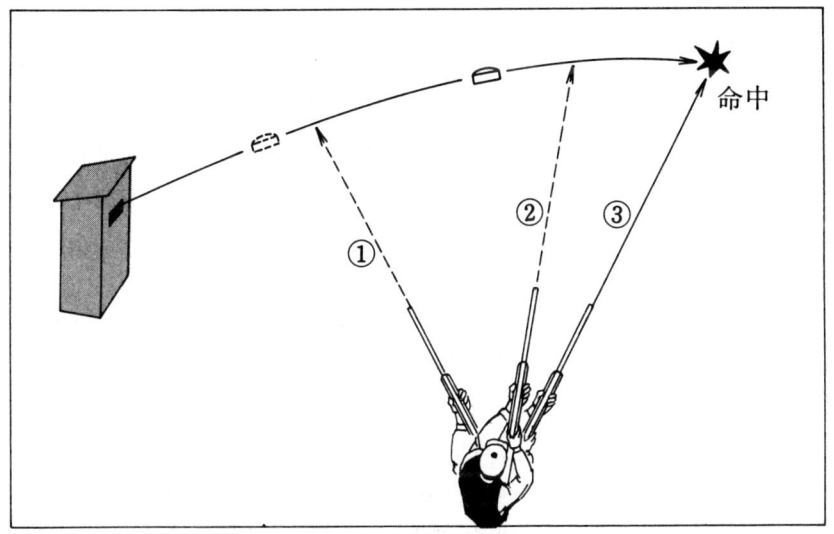

리드 슈트와 총구와의 관계.
① 클레이가 총구에 가까워지면 총을 들고 앞지르지 않도록 어깨에 댄다.
② 다음에 스윙의 스피드를 올려 적정하게 리드를 한다.
③ 그대로의 스윙을 유지하면서 방아쇠를 당긴다.

3. 리드 슈트

이 사법은 처음부터 끝까지(어깨에 붙이기 전부터 사격 후까지) 시종 일관하여 리드한 채 쏘는 사법으로 클레이의 코스를 이미 알고 있어야 한다는 것이 전제로 되어 있는 사법이다. 따라서 이 사법은 스키트에 적합하고 트랩에는 부적합한 사법이라는 것을 주목해 둘 필요가 있을 것이다. 또 실렵의 경우도 오리 쏘기나 비둘기 쏘기 등 넓은 공간을 포획물이 날고 그 코스를 미리 예측할 수 있을 때는 이 사법이 유효해진다.

스키트 사격의 경우는 클레이가 방출되기 전에 우선 클레이 하우스 부근의 예측되는 비행 선상에 총구를 향하여 기다리고(거총은 하지 않는다.) 클레이의 방출과 동시에 필요한 만큼의 리드를 계속 유지하고 총을 비행선에 맞추어 스윙하면서 거총하고 어깨에 붙여 간다.

어깨 대기는 격발점(방아쇠를 당길 때) 보다 조금 전에 완료하고 그대로 리드를 유지하면서 리드양을 적당하게 계속 조정하며 스윙한다. 그리고 좋다고 느꼈을 때 힘껏 방아쇠를 당기는 것이다.

이 사법은 스키트의 가장 기본적인 것으로 일본과 외국의 일류 선수들이 많이 이 사법을 채용하고 있는 것을 보더라도 고개를 끄덕일 수 있을 것이다.

리드 슈트는 그 처음부터 끝까지 항상 리드를 유지하므로 킵 리드라거나 메인틴 리드 사법 등으로도 불리우고 있다.

리드 슈트의 최대의 이점은 항상 리드하고 있으므로 클레이에 대한 리드양을 조정할 수 있어 겨냥점을 용이하게 잡을 수 있다는 것이다. 그 반면 총의 스윙이 클레이의 비행 속도와 같아 늦기 때문에 멈춤이 생기기 쉽다는 것에 주의해야 한다. 또 클레이가 분명히 보여 리드양의 조정이 용이하기 때문에 결단을 내리지 못하고 방황이 생기기도 쉽다. 이것은 결과적으로는 전술한 것과 같이 멈춤이 된다.

따라서 이 사법은 다소의 리드양의 불만에는 눈을 감고 마음 먹고 방아쇠를 당겨야 한다는 것을 잊어서는 안된다. 그러면 산탄의 패턴으로 클레이를 감쌀 수가 있을 것이지만 조금이라도 멈춤을 일으키면 그 결과는 생각지도 않게 클레이의 뒤를 쏘게 되어버리는 것이다.

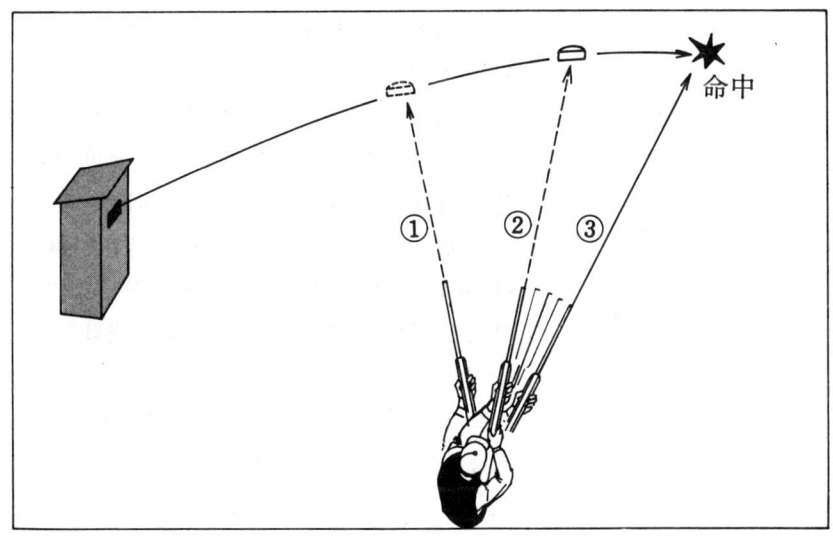

슬로우 슈트와 총구와의 관계.
① 클레이에 맞추면서 총구를 들고 어깨로 붙여 간다.
② 어깨에 붙인 다음 겨냥점을 향하여 스윙을 빠르게 한다.
③ 그 순간에 방아쇠를 당긴다.

4. 슬로우 슈트

슬로우란 '던지다'라는 의미이다. 이것은 이 사법이 최종 단계, 즉 방아쇠를 당기기 직전에 총구를 클레이 전방으로 던져내듯이 급격하게 리드를 하여 쏘는 방법이므로 이와 같은 이름이 붙여졌다. 좋은 번역어가 없지만 좀더 방역(邦譯)하자면 '던져 앞질러 쏘기'라고도 번역할 수 있을 것이다.

구체적으로는 이 사법은 총을 올리면서 클레이에 총구를 맞추고 어깨에 붙이기를 완료한 시점에서 순간 스윙을 가속시켜 클레이를 잡으면서 방아쇠를 당기는 것이다. 이 순간의 가속에 의한 추월이 마치 총을(정확하게는 총구를) 클레이 앞으로 던져 내는 느낌이므로 이런 이름이 붙여진 것이다.

이 사법의 이점은 뭐니뭐니해도 스윙을 급하

게 가속화시키기 때문에 멈춤이 일어나기 어렵다는 것이다.

또 리드 중의 스윙 시간이 짧고 극히 스무스하게 실시되고 있기 때문에 거의 일정한 리드를 얻을 수 있는 것도 이 사법의 이점이다.

그 반면 리드를 잡는 시간이 순간이기 때문에 사수 자신은 겨냥점을 잡기가 어렵고 필연적으로 리드의 조정이 곤란한 것을 결점으로써 들 수 있다.

그러나 이 사법은 총의 슬로잉의 타이밍을 체득하면 상당히 안정된 사격을 할 수 있으므로 이 사법을 채용하고 있는 사수도 적지 않다.

또 이 사법은 스키트에 적합한 사법이라고 할 수 있다. 트랩의 경우는 클레이의 방출 방향이 부정확하기 때문에 클레이에 맞추는 총의 스윙이 곤란하여 아무래도 풀로우 드루 사법이 유리하다.

항상 스키트든 트랩이든 각 사법에 적합한 것을 사용하는 것이 중요하다.

5. 사법의 병용에 대하여

클레이 사격의 기본이 되는 3종류의 사법을 병용하는 경우에 주의해야 할 것이 있으므로 그에 대해 설명하겠다.

우선 기본적인 생각으로써 '빠른 스윙의 사법에서 느린 스윙의 사법으로 이행하는 것은 절대로 금물'이라는 것이다.

그 이유는 총의 스윙이 가속되면 멈춤은 생기기 어렵다는 것이다. 반대로 빠른 스윙에서

감속하면 멈춤이 생기고 만다. 심할 때는 반드시 피해야 할 '기다렸다 쏘기'가 되어 버리기 때문이다.

예를 들면 슬로우 슈트로 총을 클레이 앞에 급속하게 스윙하여 추월하고 그 리드양이 너무 많다고 느껴 리드 슈트로 이동하는 경우(이때 스윙 속도가 저하하게 된다)에는 그 스피드 다운으로 총은 반드시 라고 말해도 좋을 정도로 발사시에 멈춤을 일으켜 버리는 것이다.

또 리드양이 한층 크면 이번에는 기다렸다 쏘는 것이 되고, 이것은 말할 것도 없이 멈춤의 최대한도가 되어버리는 것이다. 이렇게 되면 클레이 앞을 쏜 것 같아도 실제로는 클레이의 훨씬 후방을 쏘는 결과가 되어 명중은 거의 기대할 수가 없다. 이와 같은 사법은 사수의 뒤에 서서 보고 있으면 잘 알 수 있는 것이다.

스코어가 갑자기 저하되는 경우를 보면 자신도 모르는 중에 2종류의 사법을 혼용하고 있는 경우가 많다.

그와 같은 때는 누군가가 뒤에서 보아 주는 것이 좋다.

즉 폴로우 드루 슈트에서 리드 슈트로 옮겨가는 것도 좋은 사법은 아닌 것이다.

반대로 빠른 스윙에서 보다 빠른 스윙으로의 이행, 예를 들면 폴로우 드루로 쏘려 하면서 클레이를 생각대로 리드할 수 없는 경우, 마음 먹고 슬로우 슈트로 옮겨 방아쇠를 당기는 사법은 좋을 것이다.

그러나 원칙적으로 사법의 병용은 그때 그때만 잘 넘기면 되는 것이 아니며 충분히 자신의 것으로 만들어 두어야 할 필요가 있다. 그렇지 않으면 사법이 일정하지 않아 필연적으로 스코어도 안정되지 않는다.

사격장에서 자주 라운드마다 스코어 차가 크게 상하하는 사람을 볼 수 있는데 그것은 이와 같은 혼합 사법을 실시하거나 머리를 기울이고 있는 경우가 대부분이다.

따라서 비록 혼합 사법이라도 항상 일정한 사법을 유지하여 콘스턴트로 쏜다 라는 것이 클레이 사격의 철칙인 것이다. 연습인 경우에도 이것을 결코 잊어서는 안된다.

차례가 먼저인 사수의 사격 중에는 다음번 사수는 뒤에서 조용히 대기한다.

제 9 장

스키트 사격의 실기

실기 전에

그러면 드디어 사격장에서의 실기 해설인데 어떤 스포츠 해설서나 그렇듯이 그 해설서에 의해 실력을 닦을 수 있다는 것은 결코 생각할 수 없는 일이다. 이 책의 경우도 그 예외는 아니다.

인간의 얼굴이나 성격이 천차만별이듯 이 기술을 익혀 능숙해지는 과정도 또는 그에 대한 이해의 과정도 그 사람에 따라 다른 것이다. 또 산탄총의 사격에서 가장 중요한 리드양도 그 사람에 따라 미묘한 스윙의 속도 차이로 각각 차가 있다. 따라서 이하에서 서술할 각 사대에서의 겨냥점과 리드양은 최대공약수적인 것으로써 해설하겠다.

예를 들면 어떤 사대에서 리드양을 30cm로 할 때에 그 리드로는 도저히 맞지 않아 50cm로 하여 명중시켰다 라는 경우는 적지 않다. 거기에는 여러 가지 원인을 생각할 수 있지만 그 개개의 문제에 대해 해설하는 것은 도저히 불가능하므로 실제로 쏘는 것을 보면서 코치하는 것은 불가결하게 된다.

따라서 이 책에서 얻은 지식은 어디까지나 기초이며 연습을 거듭하여 능숙해져 간다는 자세를 잊어서는 안되는 것이다. 요컨대 최초의 아류를 벗어나 이론을 중시한 연습 방법은 이 책으로 체득하고 그 이상은 코치나 선배의 지도를 받아야 할 것이다.

스탠스에 관하여

스탠스는 기본적으로는 유도에서 말하는 자연체와 마찬가지로 발을 어깨 넓이 정도로 벌리고 서도록 한다. 다소 이것보다 증감해도 좋지만 그 차이가 커서는 안된다.

때때로 반동을 받지 않으려는 생각에서인지 다리를 떡 벌리고 있는 사람을 볼 수 있는데 이것은 가장 좋지 않은 일이다. 이것은 총을 스윙하는 것은 팔도 어깨에서 가슴도 아닌 허리에서 무릎에 걸친 부분이 주역이기 때문이다. 두 발에 힘을 넣고 디디고 있으면 두 다리의 근육이 긴장되고 허리를 스무스하게 회전시킬 수 없게 되어 버린다.

① ②

① 발끝을 너무 벌려서는 안된다.
② 발의 폭은 어깨 넓이가 기준.

 총의 강렬한 반동을 '받지 않겠다'라는 생각은 잘못이며, 반동은 '살짝 피한다'라는 기분으로 사격해야 한다. 아무리 체력이 좋은 사람이라도 그 강한 반동에는 이길 수 없으므로.
 또 스탠스는 어깨 넓이를 기준으로 하지만 자세를 취할 때에 발끝을 너무 벌리지 않도록 주의하기 바란다. 이것도 반동에 저항하는 기분에서 생기는 것인데 발끝을 너무 벌리면 다리 안쪽의 근육이 불필요하게 긴장되어 역시 허리의 회전을 방해하는 원인이 된다.
 또 타당한 스탠스를 취한 경우 오른발을 조금 당기는데 이때 오른발 발끝을 벌리는 경우가 있으므로 이것도 주의가 필요하다. 요컨대 통상의 보행에서 기준이 되는 스탠스로 서는 것이다.
 그리고는 공식 스키트 사격의 룰에 따라 각 사격대를 쏘아 가도록 한다.

1번 사격대의 쏘는 방법

1번 하이 하우스(푸울)

우선 사격대에 서서 맞은편의 로우 하우스 (마크)를 본다. 그 왼쪽 약 5.5미터 위치에 센터 포울이 서 있는데 클레이는 하이 하우스에서도 로우 하우스에서도 그 위를 날듯이 일정 코스로 되어 있다.

사격대 위에서의 스탠스는 어깨 넓이를 기준으로써 왼발은 로우 하우스를 연결하는 중심선으로 거의 평행이 되게 하고 오른발은 약간 당기고 선다.

여기에서 주의해야만 할 것은 머리 위를 날아가는 각도의 클레이에 대한 리드는 클레이 아래가 되는 것이다. 이것은 아래를 쏠수록 리드가 크고 올라감에 따라 작아진다 라는 관계가 있다.

또 같은 리드라면 클레이에 가까울수록 아래쪽으로의 리드가 커지고 멀수록 겨냥점이 올라가고 클레이에 가까워진다.

이 사격대에서의 일반적인 주의는 최초의 한 발인 만큼 긴장을 푸는 것일 것이다. 이것은 경험이 있는 베테랑 사수라도 마음대로 되지 않는 심리작용이지만 아뭏든 노력하여 릴렉스시키도록 한다. 너무 적중에 얽매이지 않는다 라는 정도의 기분으로 쏘는 것이 좋을 것이다.

스탠스가 정해지면 룰에 따라 총상을 허리에 대고 총구를 클레이의 비행선상 센터 포울과 하이 하우스 중간 보다 약간 앞에 준비한

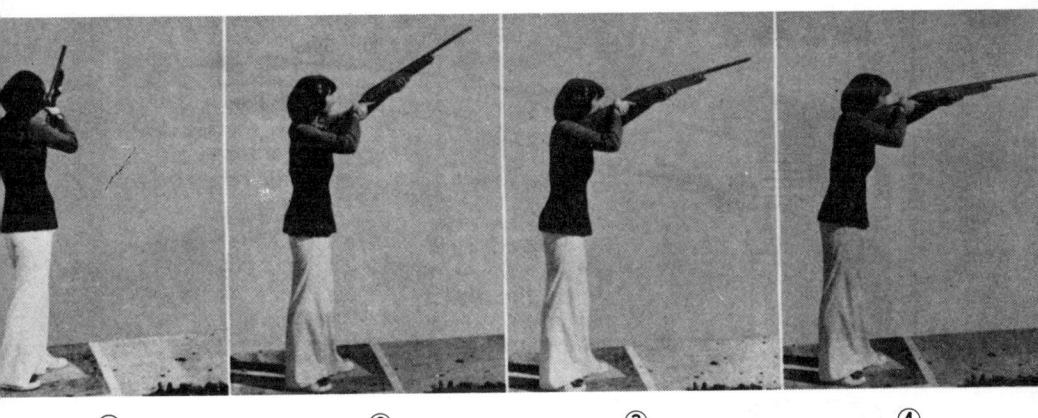

① ② ③ ④

1번 하이 하우스

8사격대 중에서는 비교적 쉬운 사격대이지만 처음 한발인 만큼 긴장을 풀 것.

다. 콜과 동시에 타임이 작용, 그 직후 3초간에 랜덤에 클레이가 방출된다. 그 동안 타이머의 세트에 의해 상당히 길게 느껴지지만 평정한 마음을 유지하도록 노력한다. 이제 내 능력을 발휘해야 하며 덤비는 것은 금물이다.

딸깍 하고 소리가 나며 클레이가 머리 위로 날아가면 역시 침착하게 총을 들어 겨냥점을 잡는다.

폴로우 드루 슈트에서는 포울과의 중간점 정도의 위치에서, 리드 슈트로는 그 보다 조금 앞에서 총구로 쫓기 시작하면서 총을 들어 포울의 조금 앞에서 방아쇠를 당기는 타이밍으로 클레이를 쏜다.

처음은 늦어도 좋은 것이다. 늦더라도 연습하는 동안 점차로 빨리 쏠 수 있게 되는 것이다.

그 보다도 늦는다고 해서 초조하여 다음번에는 빨리 해야지 하는 생각을 가지면 안된다. 그것은 총의 스윙이 부자연스러워 멈춤의 원인

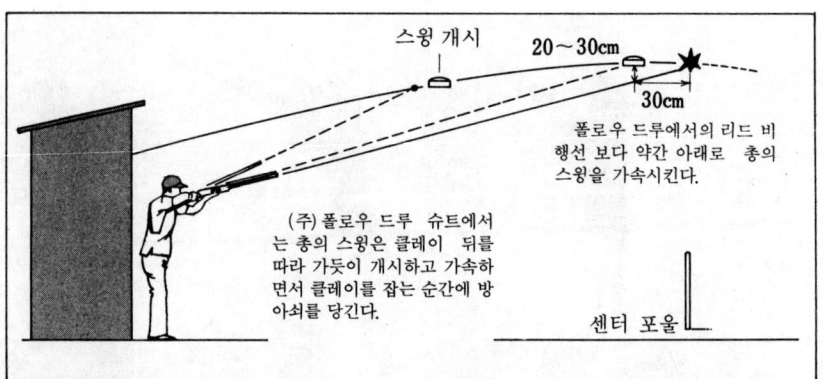

▲ 폴로우 드루 슈트

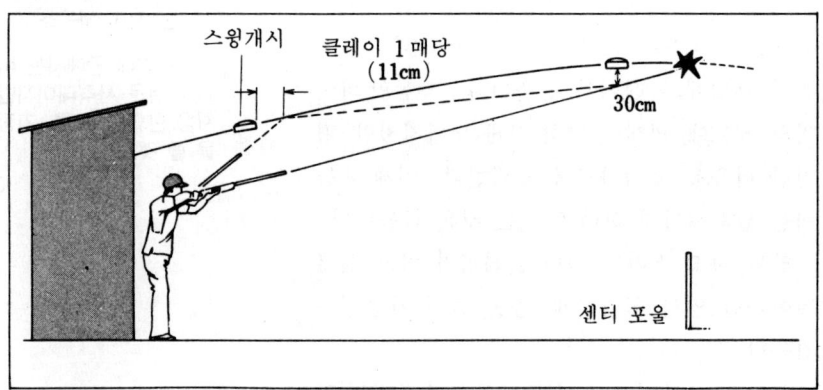

▲ 리드 슈트

이 되기 때문이다.

 그리고 겨냥점, 즉 리드양인데 포울의 앞이나 거의 포울 지점에서 쏘았다고 치고 클레이의 아래쪽 약 30cm 정도가 적당한 겨냥점이 된다. 다만 이것은 리드 슈트에 한한 겨냥점으로 폴로우 드루하면 리드는 제로로 쏜다. 구체적으로는 폴로우 드루한 순간에 총을 멈추지 않고 방아쇠를 조이므로 이것이 리드가 되는 것이다. 이 사법에서의 주의는 클레이를 너무 쫓지 않는다는 것이다. 따라서 너무 빨리 어깨에 대지 말고 리드 슈트 보다도 한숨 늦는 정도의 기분으로 총을 들면 좋을 것이다.

또 잊어서는 안될 것은 클레이가 나오기까지 총구의 위치를 클레이 비행선에 맞추고 기다리는 것으로 총구를 절대로 낮추고 기다리지 않는 것이다.

1번 로우 하우스 (마크)

공식 스키트 룰에서는 이 뒤에 양 하우스에서 동시에 클레이를 내는 '더블'을 쏘게 되어 있지만 우선 싱글 로우 하우스부터 설명하겠다.

이 클레이는 비교적 쉬운 사격대이다. 구 룰에서는 누구나 모두 순서대로 1번 하이 하우스 뒤에 1번 로우 하우스의 싱글을 쏘도록 되어 있으나 룰이 개정되어 1번 하이 하우스 뒤 갑자기 더블이 되어 초보자는 처음 더블인 만큼 긴장이 뚫리지 않을지도 모른다. 따라서 사격장측이 이해해 준다면 구 룰로 연습한 다음 신 룰로 들어가는 것도 하나의 방법이 될 것이다.

그러므로 1번 로우 하우스의 싱글을 보겠는데 잘 보아 익히는 것이 중요하다. 이 클레이는 조금 익숙해지면 비교적 쉬우므로 안이하게 생각하여 실중하는 경우가 많다. 역시 방심은 금물이다. 가장 많은 미스는 클레이는 처음부터 잘 보이고 게다가 자신을 향해 날아오므로 속도가 늦게 느껴져 총을 일찍 들어 버리는 것이다.

④　③　②　①

1번 로우 하우스.
클레이가 처음부터 잘 보이기 때문에 겨냥이 빠르거나 앞질러 쫓게 되고, 총의 스윙이 늦어져 멈춤을 일으키기 쉽다.

그 결과 너무 쫓게 되어 총의 스윙이 늦어져 멈춤이 일어난다. 이렇게 되면 클레이 뒤를 쏘게 되어 명중되지 않는다.

이 사격대에서의 포인트는 서둘지 않고 천천히 기다렸다가 총을 들고 클레이를 쫓는 것이다.

리드 슈트에서는 총구에서 약 1미터 정도 위치에 클레이가 접근한 곳에서 총을 들어가고 클레이가 센터 포울을 통과할 때에 어깨 붙이기와 뺨 대기를 완료한다. 이때에 리드양은 약 40cm로 한다.

단 이 사격대는 소위 부추겨 쏘기가 되기 때문에 리드양의 개인차가 격렬한 클레이이다. 40cm의 리드양으로 아무래도 앞을 쏘는 사람은 무의식 중에 폴로우 드루와 같이 총의 스윙을 가속시키고 있으므로 이 경우는 연습으로 서서히 리드양을 줄여 명중점을 발견하도록 한다.

이것은 누군가에게 코치를 받으면서 연습하

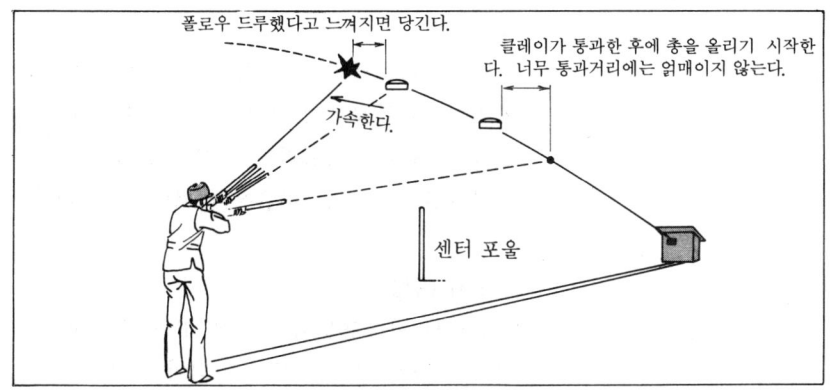

▲폴로우 드루 슈트

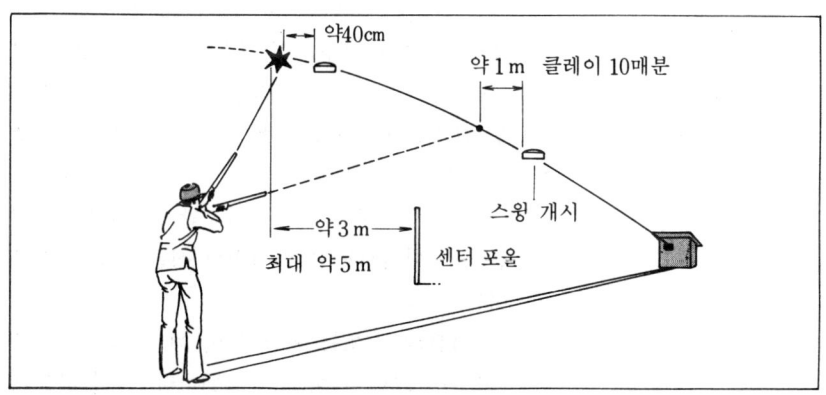

▲리드 슈트

면 효과적이다. 반대로 클레이 뒤를 쏘는 경우는 우선 멈춤이라고 생각해도 틀림없다. 이런 때는 총을 올리는 것을 의식적으로 천천히 하자.

폴로우 드루 슈트이면 총을 올리는 것은 클레이가 총구를 통과한 직후에 한다. 그리고 이 늦음을 만회하듯이 총을 올리면서 가속하고 클레이가 센터 포울을 통과하는 곳에 리드 슈트와 마찬가지로 거총을 완료한다. 그리고 클레이를 추월하여 방아쇠를 당기는 것이다.

이 사법도 빨리 총을 올리는 것이 실패의 원인이 된다. 폴로우 드루를 할 생각인데 리드 슈트가 되거나 기다렸다가 쏘기가 된다.

침착하게 쏘려는 마음을 다져야 할 것이다.

1번 더블

앞에서 서술했듯이 신룰은 1번 하이 하우스 뒤는 갑자기 더블을 쏘도록 되어 있다.

그러나 초보자는 이것이 조금 무리이므로 한가한 평일날 오전 등 사격장이 비어 있을 때에 1번 로우 하우스의 연습을 실시할 것을 권하는 바이다. 그리고 5할 정도 클레이를 잡을 수 있게 되면 더블을 쏘아도 좋을 것이라고 생각한다.

어떤 사격대나 공통적이지만 더블에는 특별한 사법이 없다. 어디까지나 싱글 사법의 반복이다.

'더블의 최초는 빠른 듯이 쏴라' 라는 말을 듣는다. 그러나 이것은 잘못이다. 만일 더블에서 쏘기가 늦으면 그것이 중복된다고 생각할 수 있을 것이다.

따라서 이것을 고치기 위해서는 싱글의 스피드 업을 생각해야 하며 당연히 싱글을 그대로 두고 더블만을 빠르게 쏘아야 한다.

그리고 덧붙여서 더블의 경우에 잊어서는 안될 것은 초시(初失)의 적중이다.

'나는 0번 사대의 하이 하우스에 약하다.' 라며 처음부터 자신 없어 하는 사람이 있다.

그러나 반대로 약한 클레이야말로 절대로 미스를 하지 않겠다 라는 마음가짐이 중요하다.

바꾸어 말하자면 초시를 얻는 것은 후시(차탄)를 얻기 위한 비결이다.

그러기 위해서는 초시를 다 쏘을 때까지 후시의 일은 머릿속으로 생각하지 않는다.

더블의 경우 후시의 발견이 늦으므로 빠른 스윙의 폴로우 드루나 슬로우 슈트를 채용해야 한다. 필자의 경우는 후자를 채용하고 있는데 이것은 각자의 기호 문제로 그를 위해서도 싱글에서 자신에게 맞는다고 생각되는 사법을 익혀 두는 것이 중요하다.

또 더블의 경우 많이 볼 수 있는 미스는 클레이의 시인(視認)이 늦어져 총을 서둘러 클레이의 미래 위치로 가져가 버리는 것이다. 이렇게 되면 필연적으로 기다렸다 쏘기가 되고 결과적으로 엉뚱한 후방을 쏘아 버린다. 역시 원칙대로 비행선상에 총구를 돌려 총을 스윙한 후에 각 사법대로 쏘는 것이다.

이것은 각 사격대의 더블에 공통인데 심리적인 동요에 의한 실중, 즉 초시를 벗어나 '아뿔싸 다음에 꼭 잡지 않으면' 하고 생각지 않는 것이다. 실중은 실중이라고 미련없이 깨끗하게 포기하고 후시에 전력을 기울여야 하는 것이다.

또 물리적인 실패로써는 소위 헤드 업이 있다.

초시를 쏜 후에 순간 긴장이 풀려 뺨에 댄것이 느슨해져 머리를 들고 다음 클레이를 찾는 것이다. 이 현상은 초시가 빗나간 때에 많이 볼 수 있다. 어디까지나 단단히 어깨에 대고 뺨에 댄 채 클레이를 보지 않으면 안된다.

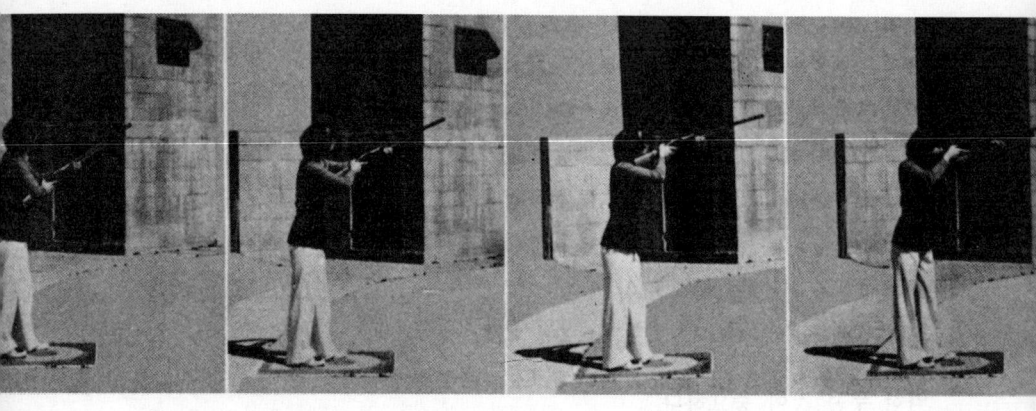

① ② ③ ④

2번 하이 하우스.
스키트 사격 중에 가장 어려운 클레이의 하나. 총구가 아래에서 위로 가기 때문에 클레이의 아래 부문을 쏜다는 기분을 갖도록 해야 한다.

2번 사격대 쏘는 방법

2번 하이 하우스(푸울)

이것은 스키트 사격 중에서도 가장 어려운 클레이의 하나라고 해도 좋을 것이다. 상당한 베테랑 사수라도 이 클레이를 안정하게 잡는 것은 어려운 것인데 그것은 대부분의 경우 얇은 사각에 의한 상하의 리드가 좀처럼 일정하지 않은 것이 그 이유이다.

리드 슈트의 경우는 기본적으로는 20~30cm 정도 아래에서 30~40cm 정도 앞을 겨냥점으로 한다. 그러나 이와 같은 앞·아래 부동의 리드를 처음부터 하기는 곤란하다. 따라서 처음에는 30cm 정도 앞·아래 모두 같은 리드로 연습을 개시하고 양쪽 리드 조정에 자신이 생긴 시점에서 정규의 리드로 옮아가는 것이 좋을 것이다.

또 이 사격대가 높은 클레이는 바람 등으로 비행선이 변화한 때 겨냥점이 변한 것처럼 느

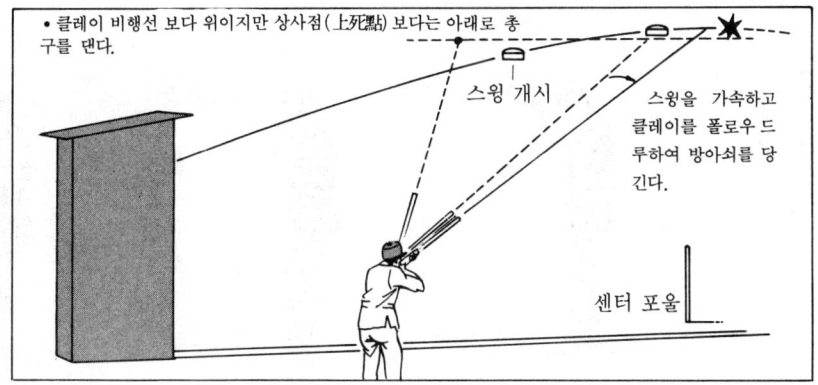

▲ 폴로우 드루 슈트

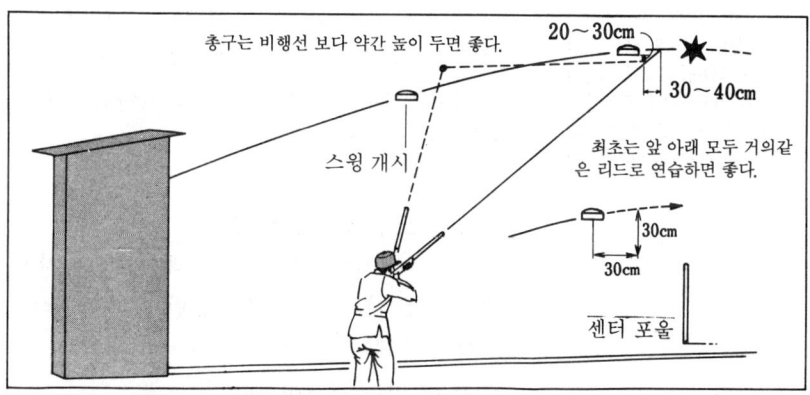

▲ 리드 슈트

껴지므로 앞 사람의 클레이를 잘 보는 것이 중요하다.

폴로우 드루 슈트는 역시 총구가 클레이를 따르면서 방아쇠를 당기는 것인데 그때 결코 비행선 보다도 높게 스윙하지 않는 것이다. 조금이라도 겨냥점이 비행선을 벗어나 위로 올라가게 되면 우선 클레이 윗쪽을 쏘아 버리게 된다. 연습에서는 아래로 폴로우 드루하도록 마음을 먹는다.

④ ③ ② ①

2번 로우 하우스.
2번 사격대에서의 로우 클레이는 그다지 어려운 것이 아니다. 이 클레이는 잘 보이므로 총을 들 때는 천천히 침착하게 실시한다.

양사법 모두 공통적인 실패는 클레이 윗쪽을 쏘기 쉽고 또 지나친 겨냥을 하는 것이므로 이 클레이는 다른 것 보다도 더욱 결단력 있게 쏘아야 한다.

2번 로우 하우스 (마크)

2번 사격대에서의 로우 클레이는 그다지 어려운 것은 아니다. 그러나 2번 하이 클레이를 취한 다음에는 마음이 느슨해지기 쉬우므로 방심할 수 없는 클레이이다.

이 클레이는 잘 볼 수 있으므로 총을 들 때는 천천히 침착하게 실시한다. 리드 슈트에서는 어깨 붙이기와 뺨 대기를 센터 포울 직전에서 완료하는 정도가 좋은 것이다. 그리고 클레이가 포울 위를 다 통과한 때 리드를 적당하게 어져스트하여 방아쇠를 당긴다.

이 클레이 부근에서부터 리드양은 상당히 커지기 시작, 여기에서는 70∼80cm 정도 취할 필요가 있다. 또 총의 스윙은 약간 위로 향한다. 그 이유는 클레이가 아직 상승선에 있기 때

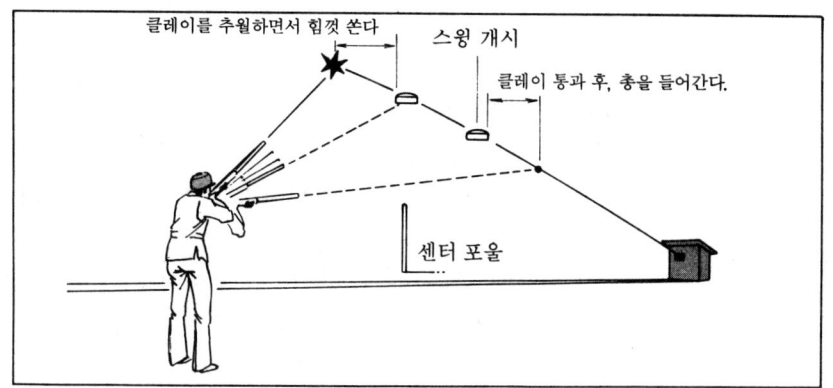

▲폴로우 드루 슈트

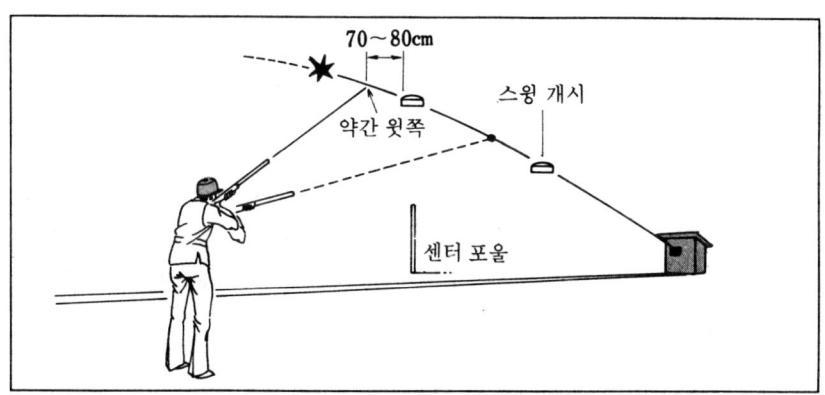

▲리드 슈트

문에 스윙을 지상과 수평하게 하면 클레이 위를 쏘는 것이 되기 때문이다.

　여기에서 주의해야 할 점은 앞으로의 리드가 갑자기 커지는 것으로 이렇게 되면 리드가 너무 커지지 않을까 하고 방황하며 결단을 내리지 못하고 혼잡한 겨냥이나 멈춤을 일으켜 버리는 것이다. 말할 것도 없이 이렇게 되면 클레이의 후방을 쏘게 된다.

　이 클레이는 우선 전방을 쏜다고 생각해도 좋

을 것이다.

폴로우 드루 슈트도 마찬가지로 침착하고 천천히 총을 들자. 리드 슈트 보다 더욱 클레이를 당긴 다음 클레이를 쫓고 센터 포울 윗 부분에서 스윙을 가속화시키고 추월하여 방아쇠를 조인다. 이 가속화시키는 것이 결과적으로 리드를 크게 한다는 것을 잊어서는 안된다.

양 사법 모두 총을 너무 빨리 올리면 외관상의 비행속도가 늦기(사격각이 얕다) 때문에 총의 스윙이 느려져 멈춤의 원인이 된다.

반대로 클레이를 당겨 거총하면 스윙은 빠르기 때문에 멈춤을 피할 수 있는 것이다.

또 리드 슈트의 리드양은 센터 포울을 통과한 후 3미터 이내에서 쏜다는 것을 생각해주기 바란다. 만일 늦은 경우는 사격각이 커지기 때문에 점점 리드도 커진다는 원칙이 있다. 이것을 염두에 두고 연습하기 바란다.

2번 더블

이 사격대도 기본은 1번 더블과 거의 같다. 머리를 총에서 떼고(뺨에 댄 것을 늦춘다) 해드 업시키지 말고 침착하게 총을 잡고 쏘는 것이다.

물론 초시 때에는 다음 클레이에 대해서는 생각지 말아야 한다. 각 클레이 모두 싱글의 기본으로 쏘아간다. 단 아무래도 후시는 늦으므로 리드양의 조정은 필요한 것이다. 또 리드가 커지기 때문에 함부로 총을 클레이 앞으로 가져가서는 안된다. 그렇게 하면 아무래도 기다렸다 쏘게 되는 것이다.

역시 침착하게 클레이를 찾고 그것을 조용히 쫓아 쏘아야 하는 것이다.

사격대에서 사격대로 이동해 간다. 점점 긴장을 푸는 것이 중요하다.

3번 사격대의 쏘는 방법

3번 하이 하우스(푸울)

이 클레이는 얼핏 보면 쉽게 보이지만 실은 상당히 어려운 클레이라는 것을 충분히 알아 둬야 한다. 스키트의 어려운 장소는 3번과 5번이다 라고 자주 일컬어지고 있는데, 필자는 특히 이 클레이가 어렵지 않나 하는 생각을 한다.

그 이유는 클레이가 옆으로 평면으로 날으는 듯 보이면서 상당한 쫓아쏘기의 각도가 되고 크게 호를 그려 상하의 고도차도 격렬하고 거기에다 리드양이 크기 때문에 총의 스윙 폭도 큰 복잡한 요소가 얽혀 있는 클레이이기 때문이다. 이것은 이치로는 알고 있어도 실제 사격에서는 감각적으로 처리할 수 없어 상당한 베테랑도 울리는 것이다.

그런 만큼 이 클레이를 잡을 때의 기쁨은 한층 더한 것이다.

어느 사격대나 그렇지만 총의 스윙은 원칙적으로 클레이의 비행 코스와 같아야 한다. 그러나 클레이의 비행 코스가 크게 곡선을 그리는 이 사격대에서는 스윙을 같게 하는 (커브시키는) 것은 매우 어려운 일이다. 그러므로 많이 볼 수 있는 것은 총구를 미리 커브의 상사점에 대어 두고 그곳에서 오른쪽으로 수평하게 스윙시켜 쏘는 방법이다.

구체적으로는 센터 포울 위에서 (이 부근이 커브의 상사점이 된다)의 클레이 높이를 보고

① ② ③ ④

우선 그곳으로 총구를 댄다. 그리고 그대로 왼쪽으로 총구를 가져가 클레이가 나오는 것을 기다리는 것이다. 이와 같이 하면 총을 들면서 거총하고 클레이를 쫓듯이 거의 수평 스윙이 되어 무리가 생기지 않는다.

단 이 사법의 문제점은 격파지점이 센터 포울을 넘으면 클레이가 내려가기 때문에 클레이 위를 쏘기 쉽다는 것이다. 따라서 여기에서는 무슨 일이 있어도 센터 포울 위에서 잡겠다고 마음 먹고 힘을 내야 하는 것이다.

이상이 리드와 폴로우 드루의 양사법에 공통적인 요소이지만 총구를 대는 점은 다른 사격대와 마찬가지로 각각 다르다.

p121의 아래 그림으로 알 수 있듯이 리드 슈트에서는 하우스와 센터 포울의 거의 중간에 총을 대고 클레이가 3～4미터 가까이 왔을 때부터 총을 스윙하면서 거총으로 가져가 약 1미터라는 큰 리드로 쏜다.

이 경우 클레이가 상당한 쫓아쏘기가 된다

3번 하이 하우스.
스키트 중에서 가장 어려운 사격대이다. 클레이는 수평으로 나는 듯이 보이면서 상당한 쫓아쏘기의 각도가 되고 크게 호를 그리며 상하의 고도차도 격렬하고 게다가 총의 스윙 폭도 큰 클레이이다.

는 것에 주의하기 바란다. 이것은 다시 말하면 클레이 아래를 쏘아야 한다는 것과도 통한다.

이것은 1번 하이 하우스의 클레이를 떠올리면 납득할 수 있을 것이다. 이 아래로의 리드양은 약 20~30cm라고 생각하면 좋을 것이다. 그러나 이 클레이는 자신도 모르는 중에 위로 가까이 가 겨냥이 쉬우므로 크게 마음을 먹고 아래를 쏘기 바란다. 그렇게 하면 반드시 명중점을 발견할 수 있을 것이다.

다음에 이 클레이의 폴로우 드루 슈트의 방법을 설명하겠다. p.121의 윗 그림으로 알 수 있듯이 총을 대는 위치를 리드 슈트 보다도 훨씬 센터 포울에 가까이 한다. 그러나 높이는 리드 슈트와 마찬가지로 클레이의 커브 최고 위의 연장상으로 한다.

이 사법에서는 클레이가 총을 넘을 때까지 가만히 날도록 하고 그 직후에 스윙을 개시하여 총을 들고 센터 포울의 직전에서 거총을 완료하고 클레이를 추월하여 방아쇠를 조인다. 리드 슈트 정도는 아니지만 다소는 클레이 아래를 겨냥하는 편이 좋을 것이다. 리드 슈트에서 아무래도 공간을 쏘는 기분으로 크게 마음을 먹고 쏠 수 없는 사람은 이 폴로우 드루 슈트로 바꾸면 좋은 결과를 얻는 경우가 있다.

이 양 사법에 공통적인 것은 스윙의 양이 커진다는 것으로 허리의 회전에 주의하는 것이다. 총의 스윙은 허리나 어깨가 아닌 허리를 돌리는 것이라는 것을 잊지 않도록 한다.

사격대에 서면 우선 클레이의 격파위치와 센

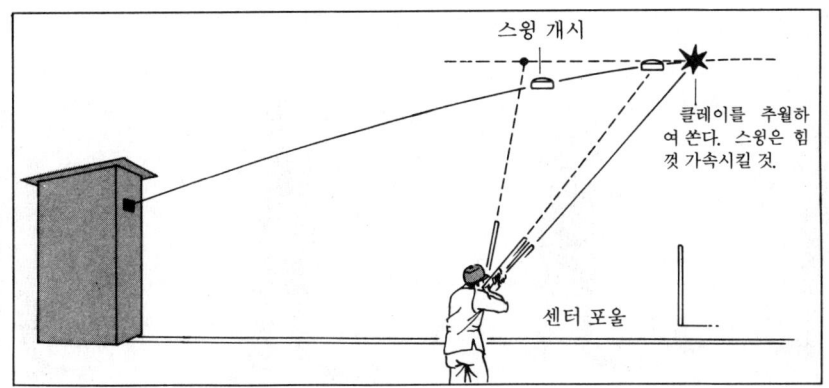

▲폴로우 드루 슈트

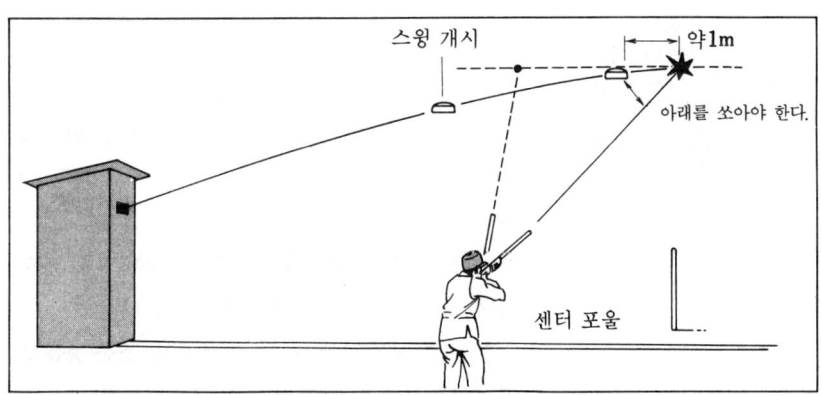

▲리드 슈트

터 포울을 향해 스탠스를 정한다.

그 후에 허리를 돌려 왼쪽으로 총을 가져가고 총구를 대기점에 두도록 한다. 이렇게 하면 허리의 회전이 스무스해지고 스윙도 편하게 할 수 있을 것이다.

잘 익혀 보도록 한다.

3번 로우 하우스 (마크)

이 클레이는 그다지 어렵지 않다. 사각이 거의 평면이므로 (센터 포울을 3미터 정도 지나

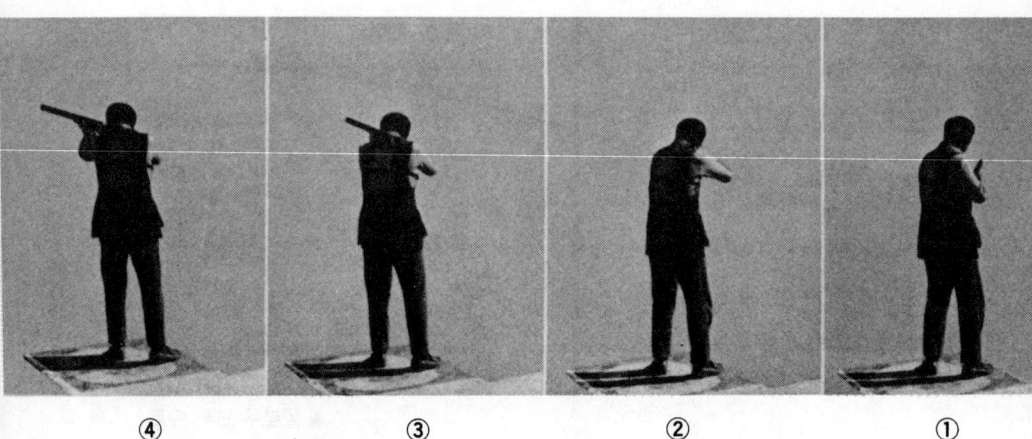

④ ③ ② ①

3번 로우 하우스.
 이 클레이는 넓은 평면 사격이 되기 때문에 가능한 일정점을 잡도록 연습한다. 느릿느릿 겨냥을 해서는 안될 것이다.

면 쫓아쏘기가 된다) 리드는 상하를 생각하지 말고 앞만 취하면 좋기 때문이다.

 단 센터 포울을 넘으면 점차 아래로 리드를 잡아야 한다. 이 말은 이 클레이는 사수에 대해 직각으로 날으므로 쏠 수 있는 범위가 넓기 때문에 일정한 위치에서 쏘는 격파위치를 정하기 어렵고 여러 곳에서 쏘기 쉽기 때문이다.

 실제로 사격장에서 이 클레이를 쏘는것을 보면 센터 포울의 앞에서 쏘는 사람도 있고 충분히 당겼다가 맞아서 쏘는 사람도 있는 등 실로 여러 가지이다. 그것은 그 나름대로 좋지만 센터 포울을 지나 조금 날게 하면 쫓아 쏘기가 되기 때문에 클레이 아래에도 리드를 잡아야 한다는 것을 잊어서는 안된다는 것이다.

 그리고 리드 슈트의 리드양인데 스키트의 클레이 중에서는 이 클레이가 가장 리드가 크다. 그것을 4번 사격대라고 생각하고 있는 사람이 있는데 이것은 잘못된 생각으로 3번 로우 하우스가 최대의 리드를 필요로 하는 것이다. 그

양은 약 1.3미터 정도라고 생각하면 좋을 것이다.

총구는 센터 포울의 조금 앞에 준비하고 클레이가 하우스와 센터 포울의 중간을 넘으면 올려 거총으로 들어간다. 어깨 대기와 뺨 대기를 완료하는 동안에 리드를 조정하고 p124의 그림과 같이 힘껏 당기도록 한다. 비행거리가 길고 시간도 충분하므로 겨냥하고 있는 중에 방황에서 총의 멈춤 현상이 일어나기 쉽고 살짝 빗겨나가는 경우도 있는 것이다. 그러므로 힘껏 잘 당긴다는 것을 잊어서는 안된다. 그렇게 하면 이 클레이는 용이하게 가를 수 있을 것이다.

또 센터 포울을 통과한 후 아래로의 리드인데, 이것은 앞의 리드는 그대로 두고 클레이가 하강선에 들어간다. 그 내려가는 양을 목표로 하면 좋을 것이다. 요컨대 하강 커브를 따라 클레이 아래를 겨냥하는 것이다.

폴로우 드루 슈트에서는 총구를 하우스와 센터 포울의 중간에 댄다. 그리고 클레이가 센터 포울의 수미터 앞으로 접근한 시점에서 급속히 거총에 들어가 어깨에 댄 순간에 폴로우 드루 하여 클레이를 추월하여 그대로 방아쇠를 당긴다.

이 사법도 센터 포울을 넘어 쏘는 경우는 비행 커브를 따라 폴로우 드루를 실시한다. 그렇게 하면 자연히 클레이 아래에도 리드를 취하게 된다.

반복하는 이야기이지만 어느 사법으로 하든 이 클레이는 매우 넓은 평면 사격이 되므로 가

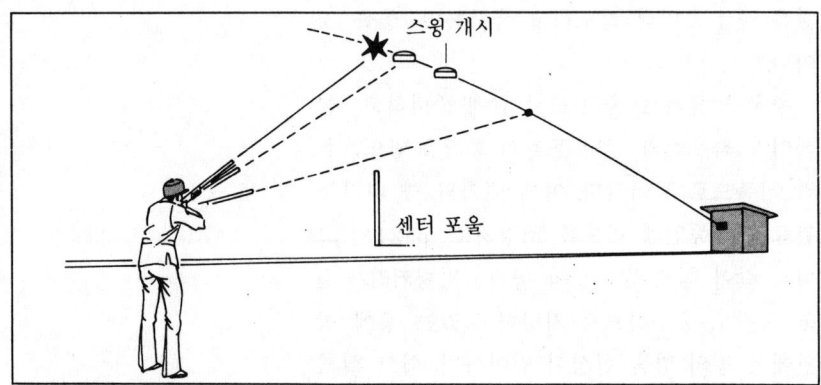
▲폴로우 드루 슈트

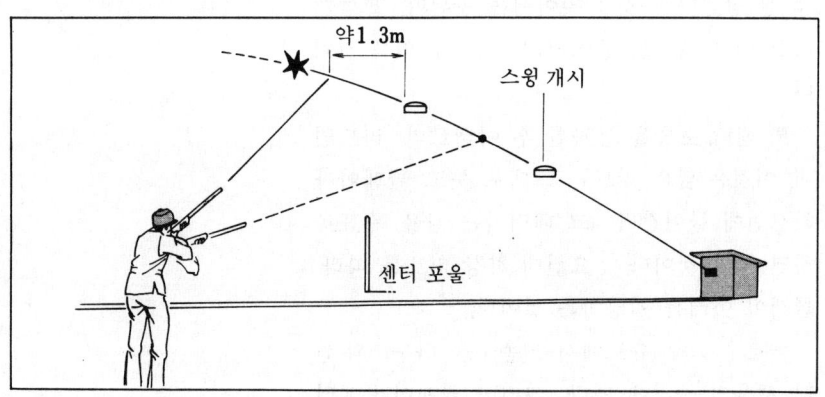
▲리드 슈트

능한 일정점에서 취하도록 연습하여 아무쪼록 느릿느릿 겨냥하지 않도록 한다.

3번 더블

새로운 룰에서는 이 사격대에서도 더블을 쏘도록 되었다. 그 때문에 구 룰에 익숙해진 사람은 다소 헷갈릴 지도 모르지만 전술한 더블에서의 주의를 지키면 별다른 문제는 없다.

단 초시의 하이 하우스가 난물(難物)이므로 이것을 뻗게 하지 말고 센터 포울까지에서 처리하고 로우 하우스를 천천히 침착하게 겨냥, 센터 포울을 넘어도 당황하지 말고 클레이 윗쪽을 쏘는 것이다.

또 연습에서 하이 하우스가 어려우므로 그것을 포기하고 로우 하우스만을 잡는 것을 볼 수 있는데 이 연습방법은 절대로 좋지 않다. 어디까지나 초시의 하이 하우스를 잡는다 라는 마음이 없으면 언제까지나 강해지지 못하고 그대로 있게 된다. 단 큰 경기에서는 아무래도 하이 하우스를 잡을 자신이 없는 경우는 스코어를 지키기 위하여 로우 하우스에 중점을 두는 방법이 있다. 그러나 이것은 시합의 테크닉이므로 연습과는 다른 것이다.

자신의 순서를 기다리는 시간도 경기이다. 정신의 안정을 찾도록 한다.

① ② ③ ④

4번 하이 하우스.
이 사격대는 센터 포울의 조금 앞에서부터 쫓아 쏘게 되기 때문에 반드시 클레이의 아래를 겨냥해야 한다. 어떤 사법이나 이 클레이는 아래를 쏘아서 실패하는 일은 없다.

4번 사격대의 쏘는 방법

4번 하이 하우스 (푸울)

이 사격대는 클레이에 대해 가장 평면이라고 생각되는데 실제로는 앞에서 서술했던 바와 같이 3번 로우 하우스가 그것이며 이 사격대는 센터 포울 보다 조금 앞에서부터 쫓아 쏘기가 된다.

따라서 이것을 잊으면 당연 클레이 아래를 쏘는 것도 잊어 실중의 원인이 되므로 주의해야 한다.

또 이것은 좌우로 날으는 클레이의 기본연습이 되는 사대이기도 하고 싱글만 있으므로 이 사격대에서 연습을 잘 쌓는 것이 좋을 것이다. 이것을 마스터하면 좌우의 3번 5번도 자연히 잘 잡을 수 있게 되는 것이다.

우선 리드 슈트인데 이 클레이도 사수에 대해 상당히 큰 커브로 날으므로 3번 하이 하우스에서 서술했듯이 수평 스윙 (총구를 클레이의 비행선 최상위의 연장선상에 댄다)으로 클레이를 쫓도록 한다.

p. 128의 그림과 같이 센터 포울의 앞에서 쏘는 경우는 클레이의 상사점의 연장선상의 하우스와의 중간에 총구를 붙이고 준비한다. 클레이가 4 미터 정도 접근한 곳에서 빠르게 총을 들어 리드 양을 1.2~1.3 미터 정도로 조정하여 방아쇠를 당긴다.

3 번의 하이 하우스도 그렇지만 이 클레이도 상당한 리드양이 되고 최초는 아무 것도 없는 공중을 쏘는 것에 저항감이 있어 좀처럼 클레이의 전방을 쏠 수 없는 것이다. 그러나 이 시대의 클레이는 우선 절대로 앞을 쏘면 빗나가는 일이 없다. 상당히 앞을 쏜다는 생각이 들어도 클레이 뒤를 쏘고 있는 것이다. 마음껏 앞을 쏘기 바란다.

또 이 사대에서 앞을 쏘아도 도저히 잡을 수 없을 때는 폴로우 드루가 늦어 센터 포울을 지나고 있는 경우가 대부분이다. 도저히 빨리 쏠 수 없는 경우에는 총구를 댄 위치를 조금 내려 연습하는 것도 좋은 결과를 얻을 수 있을 것이다.

자신은 이 늦는 것을 잘 모르는 경우가 많으므로 신뢰할 수 있는 코치에게 보여 고쳐 달라고 하면 좋을 것이다.

다음엔 폴로우 드루 슈트인데 이 사법에서는 리드의 경우와 클레이의 총구를 대는 위치가 딱 반대가 된다.

p. 128의 그림과 같이 리드에서 스윙을 개시한 때 클레이의 위치 위에 총구를 대고 총구를

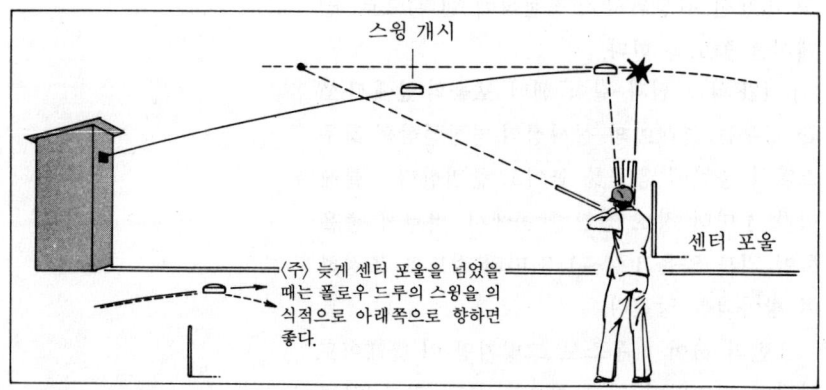

▲ 폴로우 드루 슈트

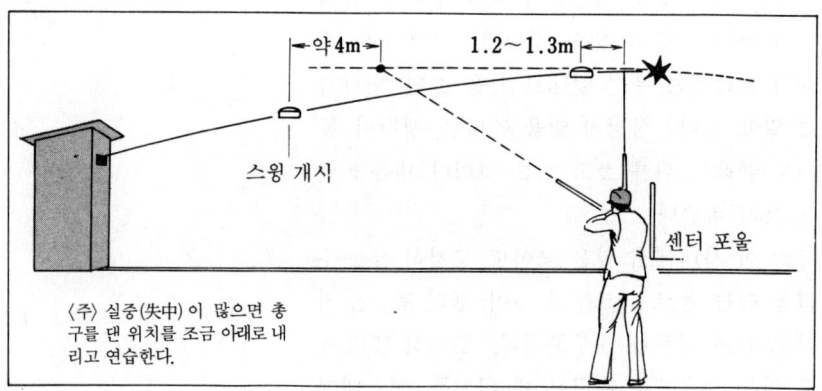

▲ 리트 슈트

댄 부근에 클레이가 달한 때 스윙을 개시한다. 그 이외는 다른 사대에서의 사법과 같아 총이 클레이를 추월한 순간에 쏘는데 폴로우 드루가 늦어 센터 포울 통과 후가 된 경우는 스윙을 의식적으로 위로 향하도록 한다. 그렇게 하면 클레이는 패턴의 아래를 빠지지 않고 나쁘지만 패턴 아래에서 가를 수가 있을 것이다.

어떤 사법이나 이 클레이는 아래를 쏘면 실패하는 경우가 없으므로 반드시 클레이 아래를 겨냥한다.

④　　　　　　　③　　　　　　　②　　　　　　　①

4번 로우 하우스(마크)

　이 클레이도 하이 하우스와 마찬가지로 평면 사대인데, 센터 포울을 넘을 때부터 쫓아쏘기가 되고 클레이도 하강에 들어가므로 가능한 센터 포울의 앞에서 쏘는 것이 좋을 것이다. 단 빨리 쏘려고 서둔 나머지 총을 일찍 대면 너무 오래 쫓아 멈춤을 일으킬 것이므로 주의하기 바란다. 반복하는 이야기이지만 스키트에서는 오래 볼 수 있는 클레이는 잘 보고 침착하게 총을 올려 거총했으면 결단력 있게 처리하도록 한다.

　이 클레이의 리드 슈트인데 이것도 리드는 센터 포울까지는 클레이 앞에서 하이 하우스보다도 낮게 되고 그 뒤는 아래로의 리드가 가해진다. 실제의 방법으로써는 센터 포울의 앞에서는 클레이 아래 끝부분으로 하고 센터 포울을 지나면 클레이의 두께 1, 2장 분으로 늘리는 것이 좋을 것이다. 그러나 이상적인 것은 앞에서 잡는 것이다.

4번 로우 하우스

　하이 하우스와 마찬가지로 평면사대이므로 가능한 센터 포울 앞에서 쏘면 좋다.
　클레이는 잘 보고 침착하게 총을 올려 거총했으면 힘껏 잘 쏜다.

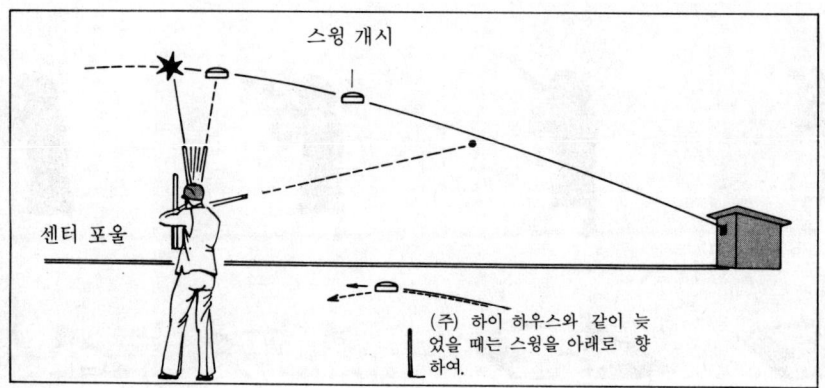

▲폴로우 드루 슈트

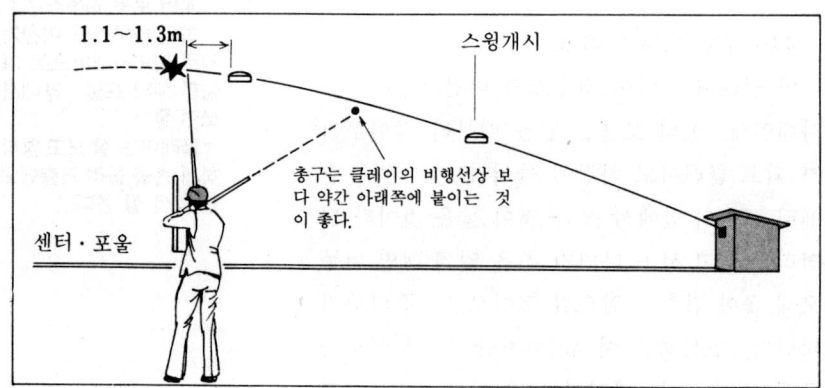

▲리드 슈트

    또 센터 포울을 넘으면 아무래도 멈춤이 일어나기 쉽다는 것도 잊지 않기 바란다.
    폴로우 드루 슈트도 하이 하우스와 마찬가지로 총구와 클레이의 위치는 반대가 되고 또 센터 포울을 지난 경우의 스윙도 마찬가지로 아래로 향한다. 단 마주하는 각도는 그다지 강하지 않아도 좋을 것이다.
    이 클레이는 위를 쏘기 쉬운데 센터 포울을 지나면 확실히 내려가고 쫓아쏘기가 되므로 역시 아래쪽을 겨냥하여 쏜다. 또 하이 하우스도 로우 하우스도 공통이지만 총의 스윙이 크기 때문에 스탠스는 작게 잡는 편이 좋은 결과를 얻을 수 있다.

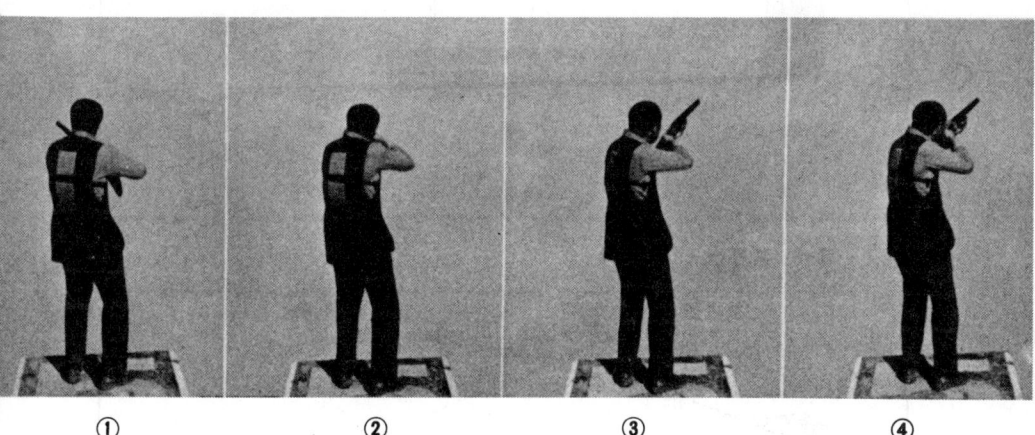

① ② ③ ④

5번 사격대의 쏘는 방법

5번 하이 하우스 (푸울)

이 하이 하우스는 비교적 쉬운 클레이이다. 단 이 클레이는 스키트 사격 중에서는 최대의 리드를 필요로 하므로 실중의 경우 가장 많은 원인은 한결같이 리드 부족에 의한다.

또 스윙의 폭이 아주 커 허리의 회전을 스무스하게 해야 한다.

역시 센터 포울을 기준으로 그 3미터 정도 윗쪽이 격파 에리어가 된다. 당겨 붙이면 멈추어져 미스를 범한다고 생각해도 틀림 없다.

5번 로우 하우스 (마크)

이 클레이는 사대가 하우스에 가까워 방출되

5번 하이 하우스 스키트 사격 중에서는 가장 리드를 많이 필요로 하는 것이므로 리드 부족이 되지 않도록 주의한다. 센터 포울의 3m 위가 격파 에리어가 된다.

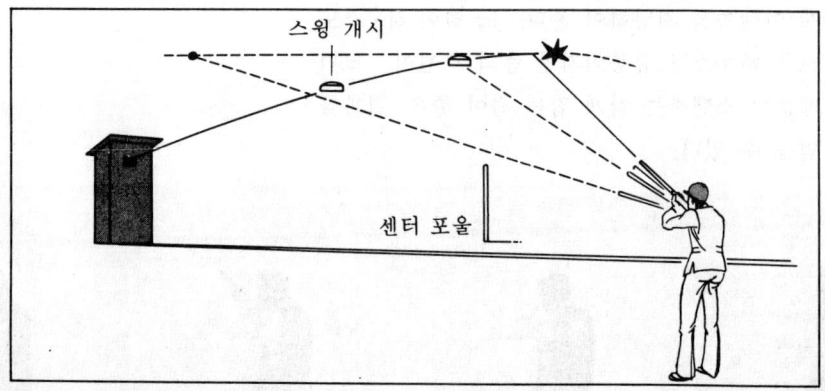

▲폴로우 드루 슈트

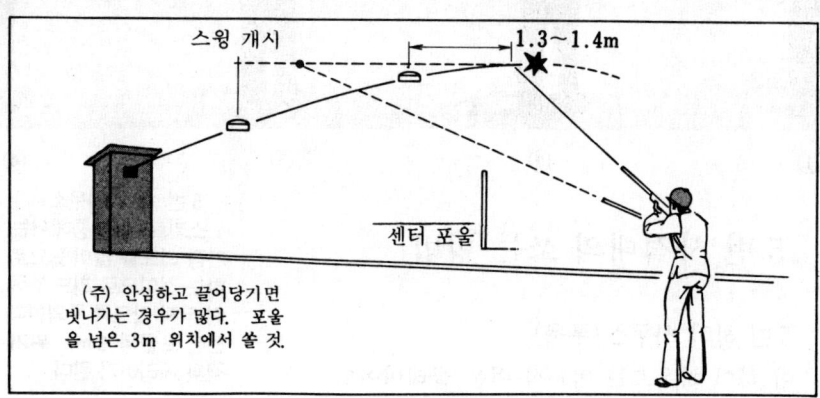

(주) 안심하고 끌어당기면 빗나가는 경우가 많다. 포울을 넘은 3m 위치에서 쏠 것.

▲리드 슈트

는 클레이의 속도가 빠르게 느껴지기 때문에 당황하여 총을 올려 실패하기 쉽다는 것을 주의해야 한다. 각도로 말하자면 3번 하이 하우스 쪽이 어렵지만 실제로는 이 클레이를 콘스턴트로 취하는 것이 상당히 어려운 클레이라고 해도 좋을 것이다. 당황하지 말고 침착하게 클레이를 잘 보아 단숨에 거총하여 결단력 있게 당기는 것이 사대의 원칙이다.

5번 더블

스키트 사격의 더블은 쫓아쏘기이기 때문에

④　　　　　③　　　　　②　　　　　①

　라는 룰의 원칙에 따라 이 사격대에서 더블은 로우 하우스의 클레이부터 쏜다.

　기본적인 점에서는 이미 서술했던 더블과 거의 같다. 다만 로우 하우스를 너무 벗어나면 하이 하우스의 클레이가 가까워져 당황하여 거점을 충분히 잡지 못한 채 방아쇠를 당기게 된다.

　이 사격대는 어디까지나 싱글의 경우에 기본을 두고 실시하기 바란다. 그러기 위해서는 이 사대의 각 싱글을 센터 포울 앞에서 잡는 기술을 익혀야 할 것이다.

5번 로우 하우스.
　사대가 하우스에 가까워 클레이의 속도가 빠르게 느껴지기 때문에 당황하여 거총하여 실패하는 경우가 많다. 클레이를 잘 보고 단숨에 거총으로 가져가 결단력 있게 당길 것.

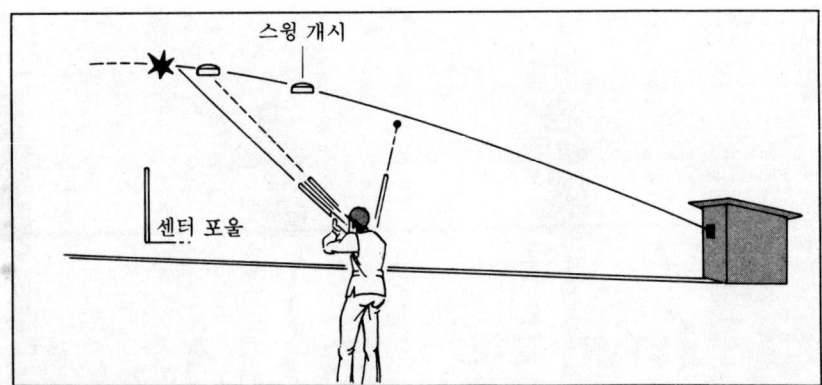

▲폴로우 드루 슈트

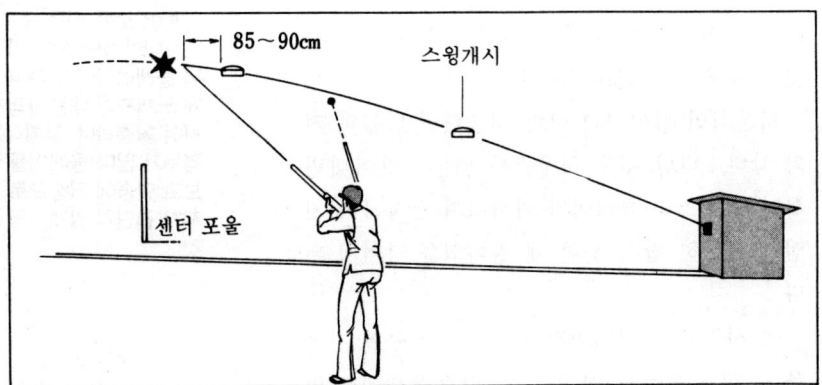

▲리드 슈트

① ② ③ ④

6번 사격대의 쏘는 방법

6번 하이 하우스(푸울)

6번은 하이 하우스가 쉽고 로우 하우스가 어렵다는 특징이 있는 사격대이다. 조금 스키트 사격을 쏘다 보면 하이 하우스가 쉽다는 안심감에서 잠시 기분이 풀리는 클레이로 그 결과 빗나가는 경우가 적지 않다. 쉽다고 해서 방심하는 것은 금물, 착실히 기본대로 쏘아 잡도록 한다.

클레이가 상승에서 수평비행으로 들어간 위치에서 쏘는 것으로 총구를 대는 위치는 p136의 최고 커브의 연장선상의 그림 부분이다. 이 클레이는 맞이하여 쏘는 것으로 얼마든지 끌어 붙일 수 있으나 이상적인 것은 센터 포울을 통과한 후 2, 3미터 사이에서 가르는 것. 그리고 센터 포울에 가까이 가면 갈수록 좋은 것이다. 너무 당겨 붙이면 스윙 폭도 넓어져 몸이 불안정해지므로 멈춤이 일어나게 된다.

6번 하이 하우스
이 클레이는 센터 포울을 통과한 후 2, 3m 의사이에서 가를 것. 리드 슈트, 폴로우 드루 슈트 어떤 사법이든 너무 당기지 말고 힘껏 쏘는 것이 요령이다.

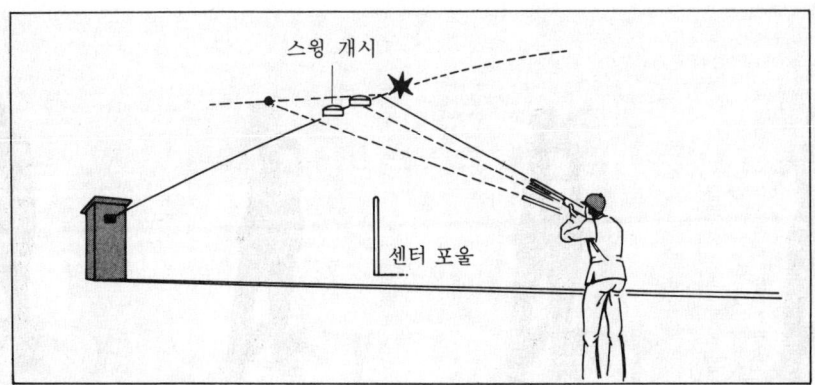

▲폴로우 드루 슈트

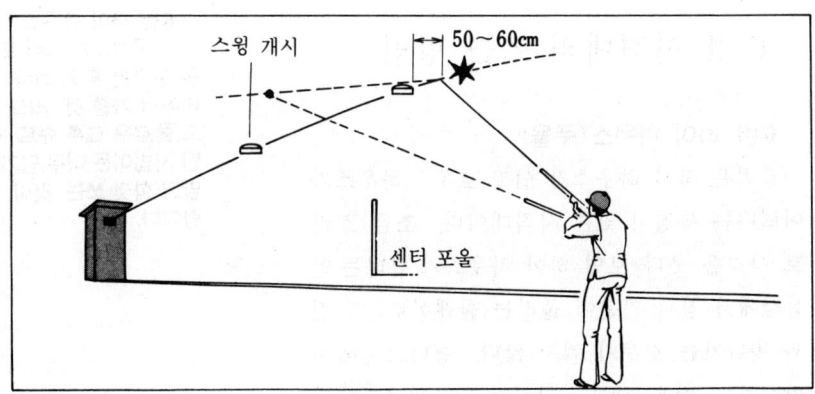

▲리드 슈트

    그러면 실중을 피할 수 없게 된다. 상당한 베테랑이라도 아차 하면 반드시 라고 해도 좋을 정도로 클레이를 너무 당겨 붙이게 된다.

    이 클레이에서 주의해야 할 것은 아래를 쏘지 않는 것이다. 클레이가 상승중이므로 기분만 위를 쏘는 것처럼 하면 좋을 것이다. 그렇다고 해서 너무 위로 하지는 말고 클레이 바로 위라는 느낌을 가지면 좋을 것이라고 생각한다.

    리드 슈트, 폴로우 드루 슈트 어느 사법이든 당겨 붙이지 않고 힘껏 잘 쏘는 것이 이 사대

④　　　　　　③　　　　　②　　　　　①

6번 로우 하우스.
이 클레이는 상당한 쫓아 쏘기이므로 상승 클레이라고 해서 위를 쏘지 않는 것이다. 어떤 사법이라도 센터 포울의 2,3 m 앞을 겨냥하여 쏜다.

를 잡는 요령일 것이다.

6번 로우 하우스(마크)

이 클레이는 앞에서 서술했던 것과 같은 사대의 하이 하우스에 비해 조금 어려운 클레이이다. 그러나 2번의 하이 하우스 만큼 어려운 것은 아니므로 걱정할 것은 없다. 즉 이 클레이는 2번 하이 하우스 정도의 고저 각도차가 있는 것은 아니고 천천히 상승호에서 쫓아 쏘는 것이기 때문이다.

상당한 쫓아 쏘기로 상승 클레이라고 해서 위를 쏘지 않는 것이다. 또 총을 대고 새삼스럽게 눈을 하우스 창으로 향하는 것도 좋지 않다. 이 말은 클레이가 날아 나오면 눈에 들어오므로 클레이의 속도가 빠르게 느껴져 당황하여 총을 올리고 말기 때문이다.

즉, 그렇기 때문에 머리를 오른쪽으로 향하는 것은 논외로 머리는 총구로 향하고 시선만 조금 하우스로 향하는 정도가 적당하다.

이 클레이는 센터 포울의 2, 3미터 앞을 겨냥하여 쏜다. 잘못되어도 센터 포울을 넘지 않도록 해야 한다. 늘려서 쏘면 리드가 앞과 아래로 느는 것은 그렇다 치고 더블에서 하이 하우스의 클레이를 당기는 나쁜 버릇이 붙기 때문이다. 싱글의 경우에도 항상 더블의 경우를 상정하여 연습하고 싱글에서도 더블에서도 가능한 차가 없는 쏘기를 익히는 것이 중요하다.

리드 슈트는 p. 139의 그림에 나타난 정도의 앞과 아래로의 리드가 기본양이 된다. 단 폴로우 드루 슈트에서는 클레이를 추월한 다음의 스윙을 상승선에서 떠나 수평이 되도록 하는 기분으로 실시하면 다소 클레이의 아래를 쏘는 것이 되고 위를 너무 쏘는 실패는 없다.

어떤 사법이든 총을 하우스 가까이에 내지 말고 클레이와 총구의 위치를 잡아 침착하게 거총을 마치고 방아쇠를 당기는 것이다. 이 클레이도 너무 겨냥하면 총이 멈춘다는 것을 생각하기 바란다.

6번 더블

어떤 더블에나 공통적인 것이지만 초시를 확실하게 잡는다는 기분은 매우 중요하다. 로우 하우스가 약하다고 해서 하이 하우스만이라고 하는 생각을 해서는 절대로 안된다. 로우 하우스를 기본대로 센터 포울 앞에서 취하면 뒤는 간단하다. 이 말은 로우 하우스를 잡아 마음이 느슨해져 하이 하우스를 당겨 붙이면 총이 멈추어 미스를 범하는 경우가 있다는 것이다.

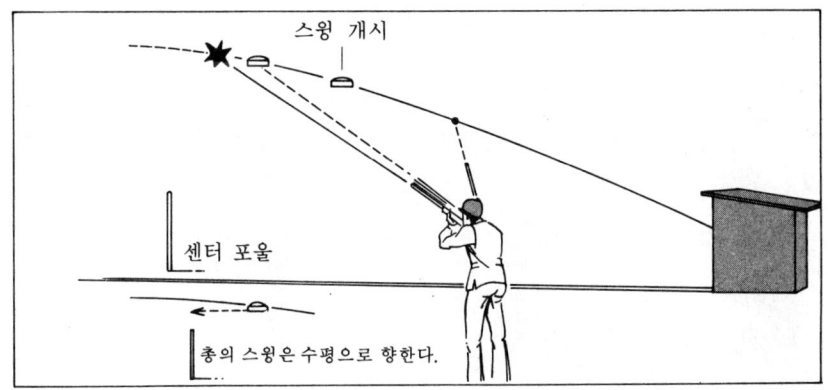

▲폴로우 드루 슈트

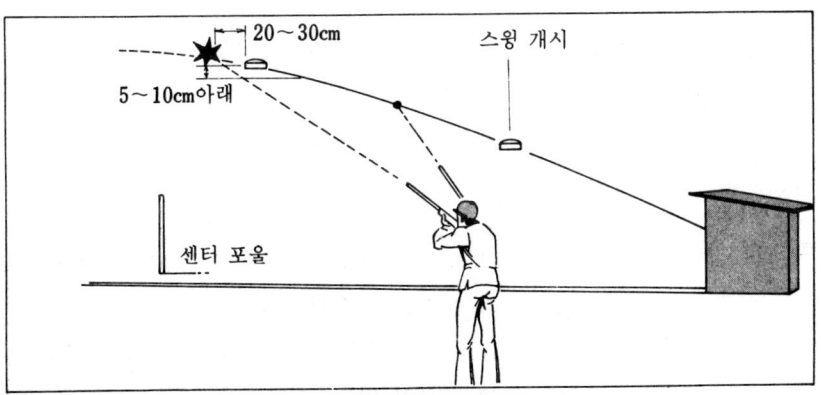

▲리드 슈트

싱글에서의 기본대로 쏘는 것 그 이상 좋은
방법은 없다.

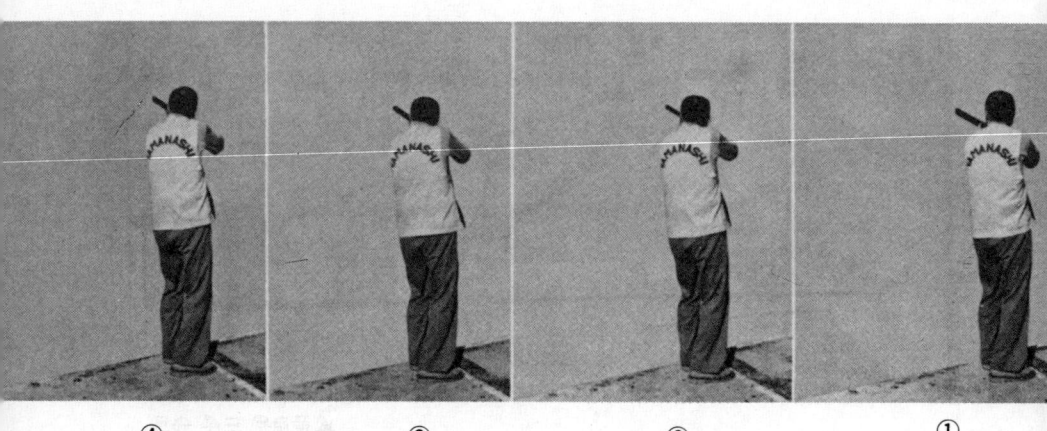

④　　　　　③　　　　　②　　　　　①

7번 사격대의 쏘는 방법

7번 로우 하우스 (마크)

새로운 룰에서는 이 사격대는 더블만 실시한다 라고 개정되었다. 그러나 갑자기 더블을 하면 기본 기술을 습득하기가 어려우므로 역시 싱글을 연습한 후에 더블로 들어가는 것이 순조로운 방법일 것이다. 그러므로 우선 더블 순서에 따라 로우 하우스부터 쏘는 방법을 설명하겠다.

7번 로우 하우스의 특징은 스윙도 폴로우 드루도 없는 1종류의 사법밖에 없다는 것이다. 그것은 이 클레이가 전형적인 쫓아쏘기이므로 옆으로의 사각이 거의 없고 리드는 모두 아래가 되기 때문이다. 머리 위를 넘어 방출되는 클레이를 아래에서 총을 드는 것이므로 스윙도 폴로우 드루도 없다. 머리 넘어 멀어져 가는 클레이에 총을 들어 겨냥점이 클레이의 아래 5~10cm 된 순간에 당기면 되는 것이다.

7번 로우 하우스.
이 클레이는 옆으로의 사각이 거의 없는 전형적인 쫓아 쏘기가 된다. 머리 넘어 멀어져 가는 클레이에 총을 들어 겨냥점이 클레이의 아래 5~10cm 된 순간에 당긴다.

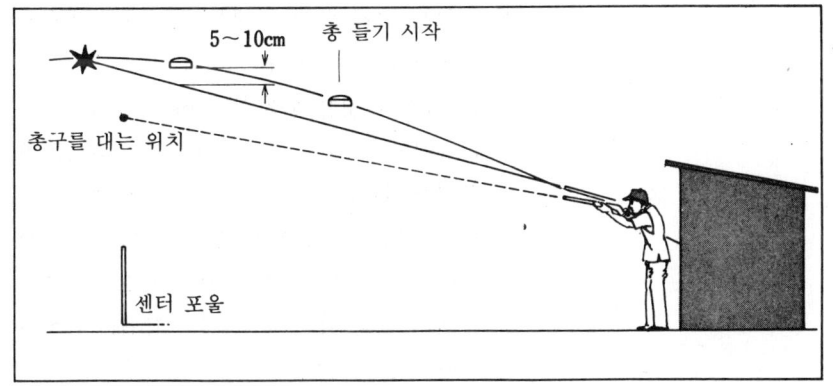

▲ 7번 로우 하우스의 쏘는 방법

　단 뺨 대기가 좋지 않으면 무의식적으로 조금 클레이 위를 쏘게 된다. 여기에서 조금 위는 리드의 큰 감소가 되어 확실하게 실중이 된다. 베테랑이 미스를 하는 경우가 의외로 많은 것은 그 때문이며 역시 방심은 금물이라는 전형적인 클레이이기도 하다.
　거총과 뺨 대기를 확실하게 하기 바란다.
　사격대는 가능한 오른쪽으로 붙어 선다. 이것은 클레이에 대한 옆으로의 사각을 적게 하는 데에 유리하다.
　사격대에 섰으면 총구를 센터 포울 위에 댄다. 이 높이는 시선이 총구와 클레이의 비행선 상사점을 통과하는 위치로 한다. 또 눈 위치도 그 위치로 한다.
　클레이가 방출되면 곧 시야에 클레이가 들어온다. 클레이가 거의 총구에 달한 곳에서 총을 들어 클레이의 5～10cm 바로 아래에 겨냥점을 붙이고 그 순간에 방아쇠를 당기는 것이다. 결코 클레이를 쫓아서는 안된다. 또 클레이가 올라가 있다고 해서 위를 쏘면 반드시 실패한다. 클레이 그 자체를 겨냥해도 뒤를 쏘는 결과가 되는 것이다.

왜냐하면 이것은 완전히 쫓아 쏘기가 되어 있기 때문으로 다소 오른쪽에서부터 나오는 것은 무시할 수 있는 정도의 각도밖에 없다.

이 5~10cm 정도의 아래 리드라는 것은 센터 포울의 수 미터 앞에서 하는 것으로 조금 늦어 센터 포울 위 부분이 되면 15cm 이상이나 아래를 쏘지 않으면 안될 것이다.

그러나 이 사격대는 더블이 본령이므로 싱글로 연습하는 경우에라도 반드시 센터 포울의 앞에서 잡아야 한다. 이것은 다음의 하이 하우스를 침착하게 처리하기 위해서이다.

7번 하이 하우스(푸울)

이 클레이는 스키트 사격 중에서 가장 쉬운 클레이라고 해도 좋을 것이다. 이것을 빗나가게 쏜다면 그것은 연습 부족이라고 보아야 할 것이다. 실제로는 로우 하우스를 잡은 후에 이것을 쏘고 마지막 8번 사격대로 향하는 것인데 여기에서도 물론 마음을 늦추어서는 안된다.

사격대에 서서 하우스로 향한다. 사격대 앞의 가장 오른쪽 끝에 서는 것이 좋을 것이다. 비록 조금이라도 클레이 가깝게 된다.

리드, 폴로우 드루 어느쪽이든 사진과 같이 총을 붙이고 스윙하여 클레이에 겨냥점이 맞추어지면 곧 방아쇠를 당긴다. 절대로 겨냥을 고쳐서는 안된다. 거총한 다음 클레이를 겨냥하지 말고 총구로 클레이를 쫓으면서 어깨에

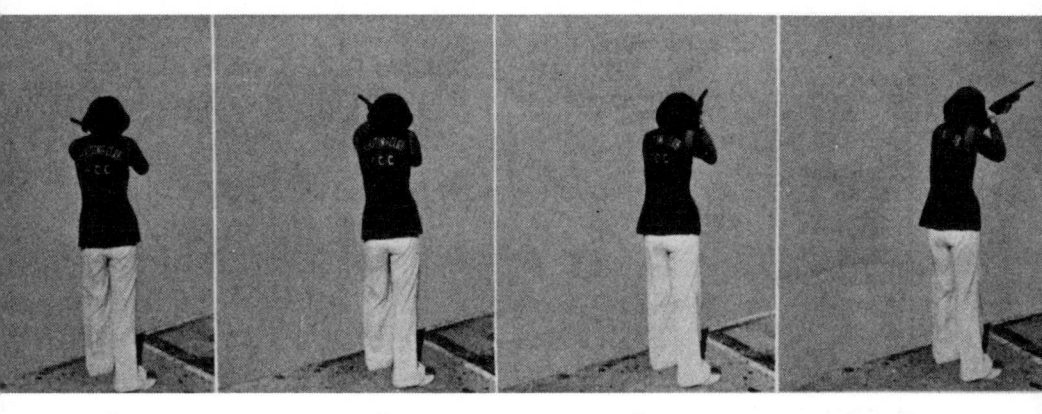

① ② ③ ④

대고 잡았으면 단숨에 당기는 것이 요령이다. 조금이라도 겨냥을 고치면 반드시 총이 멈춘다.

이 클레이는 다음 8번 사격대의 기본이 되는 것이므로 착실하게 연습하기 바란다. 또 이 클레이는 몸으로 쏘는 클레이라고도 일컬어지고 있다. 이것이 숙달되면 몸, 즉 자연스럽게 가를 수 있는 것으로 실제로 눈을 감고서도 3개 중에 1개는 잡을 수 있는 선수도 있을 정도이다.

7번 하이 하우스.
사격대에 섰으면 하우스로 향하고 사격대의 앞 가장 오른쪽 끝에 선다. 총을 붙여 스윙하고 클레이에 겨냥점이 맞았으면 곧 방아쇠를 당긴다.

7번 더블

이미 서술한 바와 같이 7번 사격대는 더블만으로 되어 있다. 이 사격대의 더블도 다른 사격대와 마찬가지로 한발 한발을 싱글이라고 생각하고 싱글의 주의를 실천하여 쏘도록 하다. 단 초시를 가능한 빨리 쏘고 하이 하우스의 클레이를 너무 당기지 않도록 한다.

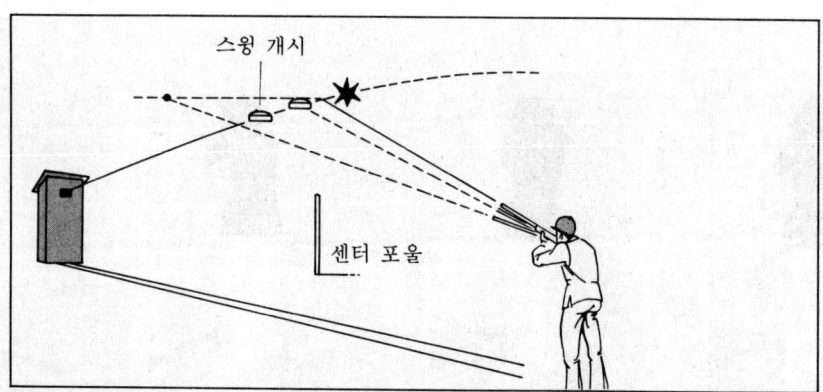

▲ 폴로우 드루 슈트

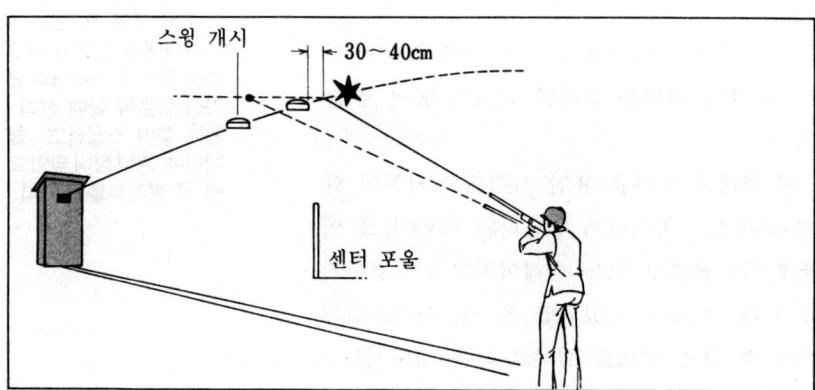

▲ 리드 슈트

① ② ③ ④

8번 사격대의 쏘는 방법

8번 하이 하우스(푸울)

스키트 사격의 재미는 8번 사격대에 있다라고 말하는 사람도 있을 정도로 이 사격대는 하이 하우스, 로우 하우스 모두 경기의 하일라이트이다. 이제까지의 사격대의 거리를 반분으로 단축하고, 빨리 쏘는 실력을 겨루는 사격대로 실럽에서도 큰 도움이 될 것이다.

분명히 8번은 어려운 사격대이다. 그것은 기본이 갖추어지기 전에 아류(我流)로 쏘면 그것이 나쁜 버릇이 되어 버려 좀처럼 진보하지 않기 때문인 것이다.

8번 사격대는 하이 하우스의 경우는 7번 하이 하우스의 거리를 1/2로 한 것이라고 생각하면 좋을 것이다. 따라서 7번 하이 하우스의 연습을 충분히 쌓아 폼을 완전히 굳힌 후에 이 클레이로 전진하는 것이 이상적인 연습 방법이다. 그러나 그렇게는 말해도 사격장에서는

8번 하이 하우스.
이 클레이는 사격대의 가장 뒤에 서서 총을 올리면서 스윙하고 어깨에 댄 다음 곧 쏜다. 빨리 쏠 때 해드 업이 되는 것에 주의를 요한다.

1라운드제가 되어 있기 때문에 멋대로는 할 수 없어 실제로는 이상적인 연습이라고도 할 수 있을 것이다. 단 7번 하이 하우스로 연습한 후에 8번 하이 하우스로 전진하는 것을 잊지 말도록 한다.

또 이 클레이를 잡을 수 있는데 실중이 많을 때는 서둘지 말고 7번 하이 하우스로 되돌아가 다시 쏘도록 해야 한다. 이것은 8번 사격대에서의 나쁜 버릇을 없애는데 가장 좋은 방법이다.

또 사격장이 비어 있을 때에는 사격장의 허가를 얻어 7번과 8번 중간에서 연습하고 점차 8번으로 가깝게 가는 것도 좋은 연습 방법이다.

8번 사격대는 하우스까지의 거리가 매우 짧으므로 사격대의 맨 뒤에 선다. 이 정도의 차이도 여기에서는 큰 영향이 있는 것이다.

스탠스는 빨리 쏘는 경우에는 하우스를 향하여 비스듬히 하고, 머리 위 가깝게 쏘면 오른쪽으로 향하여 스탠스를 잡는다.

이 클레이는 쏘는 시간이 매우 짧기 때문에 전경(前傾)자세는 절대 금물이다. 또 무릎의 근육도 릴렉스시키고(굳어 있으면 허리를 돌릴 수 없다) 필요하다면 후경(後傾)할 수 있는 정도를 생각하기 바란다. 그렇지 않으면 여기에서 아주 빠른 클레이를 쫓을 수 없다.

중요한 것은 총을 들면서 스윙하고 어깨에 붙인 다음 곧 쏘는 것이다. 이 경우 빨리 쏘려는 마음에서 헤드 업하기 쉬우므로 주의한다. 또 어깨 붙인 후에 클레이를 쫓으면 클레이의 속

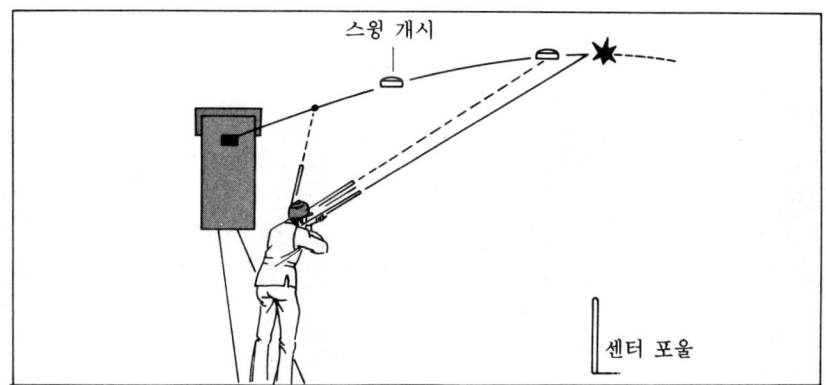

▲ 폴로우 드루 슈트

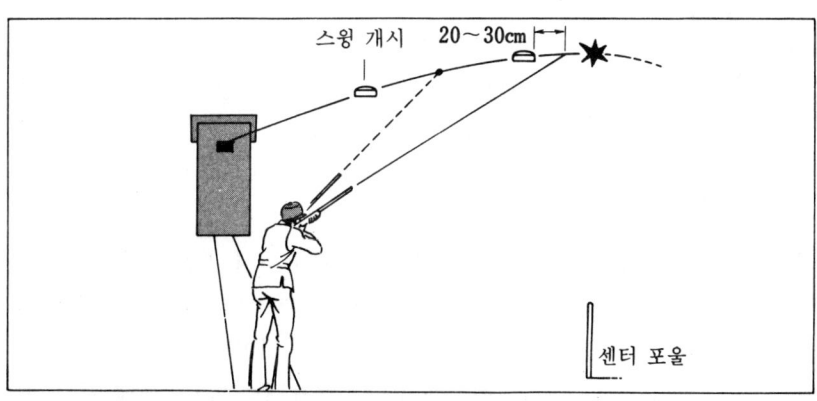

▲ 리드 슈트

도에 미칠 수 없어 멈춤을 일으켜 클레이 후방을 쏘는 결과가 된다.

또 리드 슈트에서 그림으로 나타난 리드양은 센터 포울 부근에서 쏘는 경우로 빨리 쏘려면 이 보다 다소는 적게 될 것이다. 아뭏든 이 클레이는 앞을 쏘아 실패하는 경우는 생각할 수 없다.

8번 로우 하우스 (마크)

이 클레이는 1번 로우 하우스를 1/2 의거

④ ③ ② ①

8번 로우 하우스.
사격대는 하이 하우스와 마찬가지로 가장 후방에 선다. 빨리 클레이를 잡기 위해서는 총구를 높이 하고 센터 포울에 가까이 가져간다. 리드 슈트의 리드양은 센터 포울의 직전에 쏘는 경우는 클레이의 앞을 겨냥하면 좋다.

리로 한 사격대라고 생각하면 좋을 것이다. 따라서 1번 로우 하우스를 놓친다면 이 클레이는 아직 잡을 수 없다.

사격대는 하이 하우스와 마찬가지로 가장후방에 서고 스탠스도 하이 하우스에 준한 방향을 잡는다. 가능하면 역시 1번에 가까운 위치에서 연습을 시작, 순서대로 8번 사격대로 가까이 가는 것이 좋을 것이다.

여기에서 주의해야 할 것은 어깨에 붙인 때에 총이 멈추기 쉽다는 것이다. 이것은 총을 드는 것이 동시에 총의 스윙이 된다 라는 클레이와의 각도 관계상 어깨 붙이기의 완료와 동시에 쏘면 총이 멈춘 상태에서 발사되어 필연적으로 클레이의 뒤를 쏘아 버리는 결과가 된다. 이것을 막기 위해서는 어깨 붙이기의 완료 직전에 당기는 기분으로 쏘는 것이 좋을 것이다.

반동으로 어깨 붙이기가 완료 되었다 라고 느끼면서 쏘는 것이다.

또는 어깨 붙이기에서 스윙으로 들어가는 일

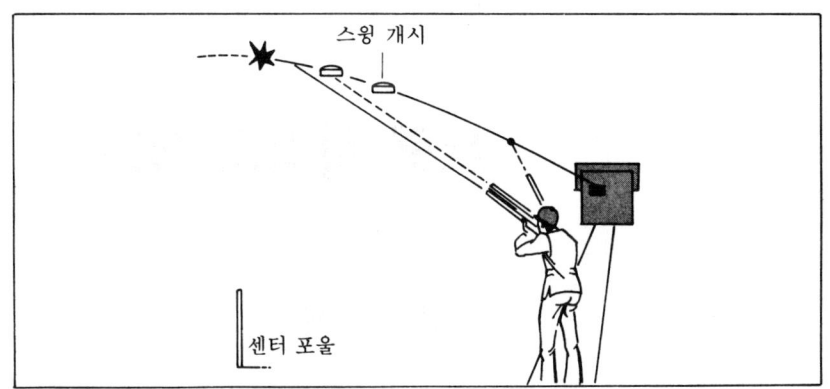

▲ 폴로우 드루 슈트

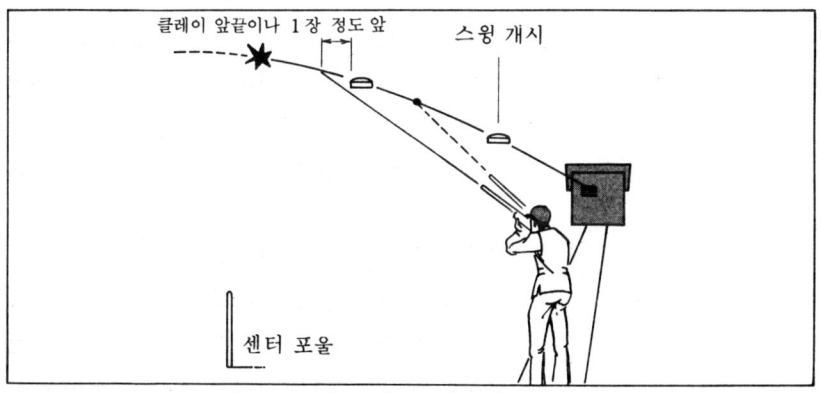

▲ 리드 슈트

순간에 당기는 방법도 있다. 어깨 붙이기를 하고 총구를 흘리면서 당긴다 라는 느낌으로 쏘는 것이다.

이 사격대에서 주의해야 할 점은 헤드 업과 빨리 잡고 싶어 총을 하우스에 너무 가깝게 대는 것이다. 이렇게 하면 스윙양이 커져 빠른 클레이를 잡기 어려워지는 것이다. 빨리 자세를 잡고 싶으면 총구를 높이고 센터 포울 가까이 대어야 할 것이다.

제 10 장

트랩 사격의 실기

1. 실기 전에

스키트 사격은 클레이의 비행 코스가 일정하기 때문에 사격 각도를 변화시키면서 쏘는 경기였지만 트랩 사격은 코스가 일정치 않은 클레이를 쫓아 쏘는 경기이다. 그러므로 코스가 일정치 않고 모든 클레이가 사수로부터 멀어져 가기 때문에 사정은 당연 스키트 보다 멀다. 바꾸어 말하자면 현대의 트랩 경기는 산탄총의 유효사정 한도 내의 거리로 승부를 가리는 경기라고 말해도 좋을 것이다.

트랩은 스키트에 비해 변화가 부족하다 라고 말하는 사람도 있다. 그것은 틀린 이야기는 아니지만 고도의 테크닉이 필요하므로 역시 깊은 맛이 있는 사격이다.

그리고 스키트와 트랩은 전혀 이질적인 사격 경기라고 생각하고 있는 사람이 있는 것 같은데 이것은 옳지 않다.

모두 산탄총에 의한 사격 경기이고 그 기본 이론은 동일하다. 물론 예를 들면 스키트는 클레이 아래를 쏘고 트랩은 위를 쏜다는 등의 실기상의 차이는 있다.

그러나 그것은 클레이의 코스나 사각이 다른

잔디가 아름다운 트랩 사격장 (국제 클레이 사격장)

것에서 생기는 차이이므로 그런 차이를 보고서 양자가 이질적인 것이라고 생각해서는 안되는 것이다.

요컨대 스키트에서 설명한 실기의 사법은 기본적으로는 트랩에도 통용되는 것이다.

그러나 그렇게는 말해도 구체적인 사격의 방법에는 상당한 차이가 있다.

앞에서 서술한 차이는 별도로 하고서라도 스키트는 총을 허리에 내린 상태에서 사격하는 것에 반해 트랩은 거총한 상태에서 사격하고 실중한 경우에는 계속해서 제 2 탄을 쏠 수 있다. 또 룰에서는 초시와 후시 어떤 것으로 클레이를 깨든 득점에 차이가 없다.

2. 트랩 사격의 총에 대해서

그럼 트랩의 실기로 들어가겠다. 그러나 그 전에 트랩 사격의 총에 대해 조금 언급해 두기로 한다.

이미 총의 벤드에 대해서는 설명하였으나 트랩에서는 스키트에 비교하여 다소 얕은 벤드의 총이 적합하다. p. 153의 그림이 그 약도이다.

총을 어깨에 붙이고 뺨 대기도 단단한 상태에서 ①과 같이 중조성(中照星)에서 리브가 잘 보이는 경우 이것은 벤드가 너무 낮다. 드물게는 이 정도로 낮은 벤드의 총을 사용하고 있는 사람도 있으나 초심자는 피하는 편이 좋을 것이다. ②와 같이 리브가 겨우 보이는 정도의 벤드가 적당한 벤드이다.

또 ③과 같이 리브가 전혀 보이지 않는 것은 너무 깊은 것이다. 그림과 같이 조성이 보이는 정도의 것이라면 스키트나 실렵에는 사용할 수 있으나 트랩용으로써는 너무 깊다.

적정한 총신장도 중요한데 이것은 자연스럽게 거총하였을 때에 총신이 몸의 정면과 어깨선의 중간 45도 정도에 있으면 좋은 것이다. 너무 길면 어깨선과의 각도가 커지고 짧은 경우는 작아진다. 거총 때에 눈을 감으면 좋을 것이다.

총신장과 쵸오크의 조합도 산탄총에 있어서는 원거리 사격이 되는 트랩에서는 중요한 요소가 된다. 트랩 총의 경우, 일반적으로 28인치에서 32인치 사이에서 선택한다. 총신이 긴

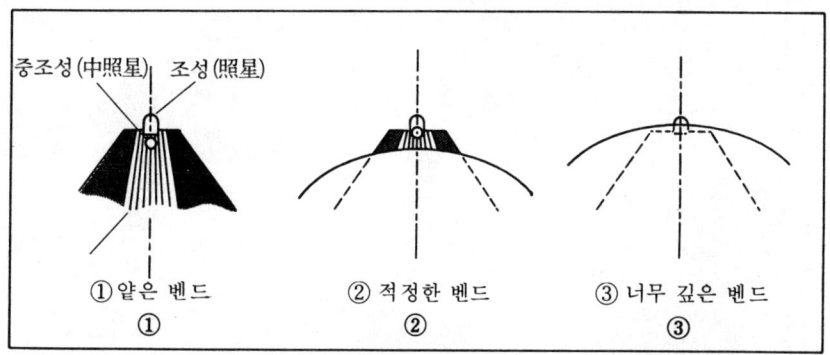

① 얕은 벤드
② 적정한 벤드
③ 너무 깊은 벤드

① 어깨에 붙여 조성이 센터에 없는 경우, 총상에 캐스트 오프가 필요.
② 몸에 맞는 총상. 조성이 총신축의 중심에 있고 총신 윗쪽의 리브가 조금 보인다.
③ 조성만이 보이는 경우는 벤드가 너무 깊으므로 아래를 쏘게 된다.

편이 패턴은 정밀하므로 빨리 쏘는 사람은 짧은 28인치, 늦은 사람은 32인치가 좋다. 그러나 이제부터 시작하는 사람은 빠른지 느린지를 말하는 것이 무리이므로 초보자용으로 30인치의 총신에 쵸오크는 홀 쵸오크의 총이 무난할 것이다.

또 트랩에 적합한 것은 뭐니뭐니해도 상하 2연총이다. 초시에서 반동의 흔들림이 적어 곧 후시를 당기는데 무리가 없고 강도적으로도 문제가 없다. 방아쇠는 역시 단방아쇠의 싱글 트리거를 권하고 싶다. 상하 2연총의 경우는 쵸오크를 홀/홀이나 3/4홀로 선택한다. 시판되고 있는 트랩총은 이와 같은 조합으로 되어 있다.

또 28인치의 것은 스윙이 간단하다는 이유를 들어 선택하는 사람이 있는데 이것은 잘못이다. 트랩은 그다지 총을 흔드는 사격이 아니므로 그런 의미에서 짧은 총신을 선택할 필요는 없는 것이다. 다만 트랩의 클레이는 대부분이 상승 코스이므로 위를 쏘기 쉬운 끝이 가벼운 총이 유리하다라고는 할 수 있지만, 이

트랩 사격의 연습 풍경

것은 총신장 보다도 밸런스에 의해 좌우되는 경우가 많은 요소이다.

트랩 사격에는 사용되는 장탄도 트랩용의 것을 사용한다.

스키트용 보다도 산탄양이 많고 고속도로, 특히 최근의 것은 산탄을 플라스틱 컵상 왓즈에 넣어 패턴을 작게 하는 연구가 되어 원사에 적합하게 만들어져 있다.

또 스키트 사격에서 애용자가 많은 가스압식 자동총은 트랩용 장탄총의 사용에 비해 내구력이 부족하다. 가끔 트랩을 즐기는 정도의 사람이라면 그것으로도 좋지만 트랩 사격을 하나의 취미로써 하는 사람이라면 필연적으로 사격의 탄수도 많아질 것이므로 자동총은 곧 낡아버리고 말 것이다.

수평 2 연총도 마찬가지로 이 종류의 총은 수렵을 전제로 가볍게 만들어져 있으므로 역시 트랩에 사용하는 것은 무리이다.

총신이 옆으로 2개 나란히 있기 때문에 단총신의 것에 비해 클레이의 코스 위에 겨냥점

도기각의 원리도

을 재빨리 잡는 경우에 역시 불리하다. 따라서 수평 2 연총도 역시 수렵 시기 외에 가끔 클레이 사격을 즐기는 정도라면 사용하는데 지장이 없을 것이다.

상하 2 연총은 클레어를 겨냥하는 한 단신총으로 바꿀 수 없지만 구조적으로 강도도 충분하고 내구력도 부족하지 않아 이상적인 트랩건으로써 한국 뿐만이 아닌 세계적으로 널리 애용되고 있다.

이 상하 2 연총이 트랩 사격에 최적합한 이유로 초시를 아래의 총신에서부터 쏠 수 있다는 것이다. 총을 발사하면 당연히 그 반동이 일어나 총을 후퇴시키는데 그 힘은 총신과 총상이 각도를 갖고 있기 때문에 일종의 우력(偶力)이 되어 총구를 튕겨 올라가게 하는 작용을 한다.

그 총구가 튕겨 올라가는 각도를 도기각(跳起角)이라고 부르는데 이것이 하총신인 경우 위 보다도 작게 되는 것이다.

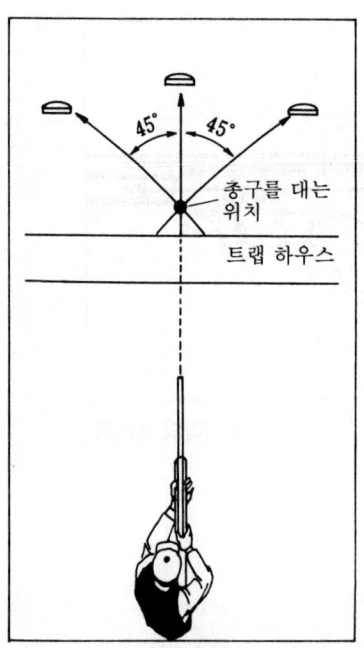

15대 트랩 사격장인경
우 총구를 대는 위치.

3. 사격자세와 총구 위치

그럼 드디어 사격장에서의 실사가 되겠는데 트랩의 클레이 하우스는 일직선으로 나란히 5개의 사격대 앞에 반 지하에 있으며 왼쪽에서부터 1번, 2번, 3번, 4번, 5번이라고 부르고 있다. 각 사격대의 앞에는 각각 3대의 클레이 방출기가 있고 그 모두에서 사격대의 중심선 좌우 45도 정도로 고도도 규정 범위내에서 일정하지 않게 클레이가 방출된다.

또 사격장에 따라서는 각 사격대에 1대의 방출기가 있는 경우도 있는데 동범위 내에서 방출 방향이 일정하지 않다는 것은 같다. 어느 방향인가는 총구를 대는 위치와 관계가 있으므로 미리 물어 알아 둘 필요가 있다. 그리고 5 사격대에 대해 1대의 방출기만 있는 룰도 있으므로 이것을 실사에 들어가기 전에 확인해 두도록 한다.

우선 왼쪽의 제1 사격대에 서서 2발 장진하고 총을 잡는다. 이때의 스탠스는 앞에서 서술하였듯이 총이 가장 안정되는 방향, 즉 몸의 정면과 어깨선 중간 45도 점에서 이때에 트랩 하우스의 클레이 방출점 마크로 향하도록 하여 발의 위치를 정한다.

기량이 보다 고도화 되면 이 스탠스를 미묘하게 변화시켜 보다 더 자신에게 어울리고도 적합한 것을 만들어 내는 선수도 많지만 처음에는 이 스탠스에서 출발하여 기초를 마스터한 후에 시험해 보아야 할 것이다. 그렇지 않으면 나쁜 아류가 몸에 배어 버려 그것을 수 정하는데 상당한 노력을 해야 한다. 이것은 스 탠스 뿐만이 아닌 그 외의 것에도 공통적으로 말할 수 있으므로 충분히 주의하기 바란다.

클레이는 좌우 45도의 폭으로 날아 나오는 데 하우스 앞에서 사격대까지가 15미터나 되므 로 사수에서부터의 각도는 좌우 30도가 된다. 따라서 스키트와 같이 큰 스윙은 필요하지 않 으므로 축발(軸足)에 2/3의 웨이트를 건 전 경자세가 적합하다. 이것은 반동을 받아 젖혀 지거나 하여 자세를 무너뜨리지 않기 위해서 이다. 그렇다고 해서 오른발의 뒷꿈치를 띄우 는 정도는 좋지 않다. 두 발로 안정감 있게 서 고 그리고 앞발을 축으로 좌우로의 스윙에 지 장이 없는 정도가 좋을 것이다. 소위 7 대 3 의 웨이트 배분의 전경자세를 취하라는 것이 다.

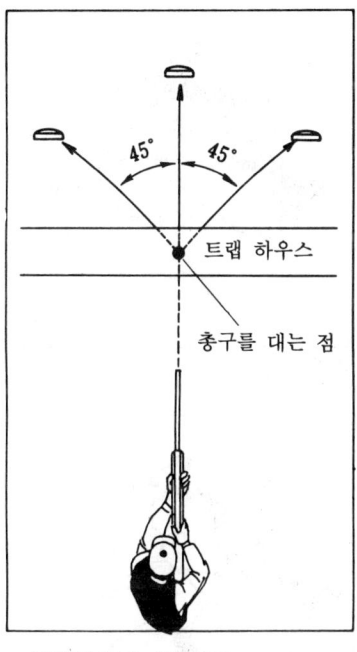
5대의 트랩 사격장인 경우 총구를 대는 위치.

스키트와 달리 총의 스윙 폭이 좁기 때문에 의식적으로 무릎을 느슨히 할 필요는 없다. 그 렇다고 해서 딱딱하게 굽혀서는 안되고 릴렉 스시켜야 한다.

그것 보다도 초시의 반동으로 상체를 흔들 리지 않고 곧 후시를 당기는 것이 중요하다. 물론 초시에서 멈추지 않고 총의 스윙을 계속 하면서 해야 한다는 것은 말할 것도 없다.

스탠스와 자세가 결정되면 총을 잡고 총구를 대는 것인데 그 위치는 각각 사격대에 3 개씩 합계 15대의 방출기의 경우는 클레이의 교차점 으로 한다.

구체적으로는 지붕의 약 30cm 위가 되는 곳

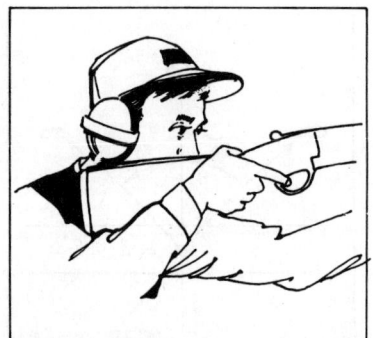

바른 거총 ① 뺨 대기

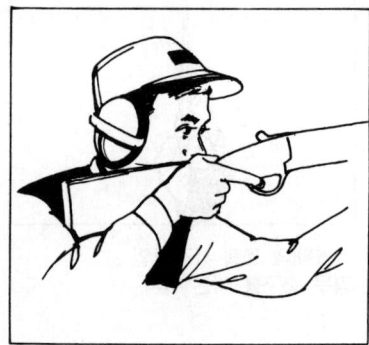

바른 거총 ② 어깨 대기

일 것이다.

또 아직 많이 볼 수 있는 5 대 방출기인 경우, 총구의 위치는 하우스 안의 클레이 방출기가 있는 위치 부근으로 구체적으로는 지붕 중간 지점이 된다.

그리고 앞으로 많아질 것으로 생각되는 1대 방출기인데 이것은 일찌기 아메리칸 룰의 트랩 방출기를 이용하여 2발을 쏠 수 있게 한 것으로 한국에서는 아직 실시되고 있지 않고 사격장도 없다. 이와 같은 트랩에서는 1대 방출기에 대해 사격대가 반원형으로 배치되어 있으므로 클레이에 대한 각도의 변화가 커지고 상당히 스키트적인 요소가 가미되어 있는 것이다. 이 경우 이미 설명한 스키트 항을 참고로 하면 좋을 것이다. 총구를 대는 점은 5대 사격장에 준하면 좋을 것이라고 생각한다.

그 다음 거총인데, 어깨 붙이기와 뺨 대기는 충분히 착실하게 실시한다. 초보자는 때때로 어깨를 붙인 뒤에 뺨을 대는데 이렇게 하면 뺨은 한발 쏘기 전의 스윙 중에 총상에서 떨어진다. 이 말은 최초에 총상의 위치가 정해지고 그 때 뺨을 가져가기 때문이다. 이상적으로는 어깨와 뺨이 동시에 총상에 닿고 또 눈도 동시에 리브에서 조성을 보듯 거총해야 하는 것이다.

단 이것은 처음에는 상당히 어려운 것으로 총을 들어 총상이 어깨에서 조금 뜬 상태에서 뺨을 대고(뺨을 총상에 붙이는 것이 아니다) 눈의 위치를 정한 후에 총상을 어깨에 대도록 한다. 또 어깨에는 그다지 강하게 눌러 붙일 필요는

여성 슈터의 트랩 사격
연습풍경.

없다. 가볍게 눌러 대는 느낌이면 좋은 것이다.
왼손은 스키트에서는 다소 아래에서부터 가져가는 것이 좋지만, 트랩에서는 반동 후의 후시를 쏘기 쉽게 하기 위해 다소 위에서부터 눌러 넣는 느낌으로 잡는 편이 좋을 것이다.

4. 클레이 방출의 타이밍

사격 직전의 총구를 대는 위치를 정했으면 다음에는 클레이의 방출이다. 방출은 방출기로 날리지만 그것을 하는 것은 사수의 콜이므로 사수 자신이 날리는 것이라고 생각해도 좋을 것이다.

실제로 대부분 실시되고 있는 방법은 총구를 다소 높이 대고 그곳에서 바른 위치로 조용히 내려가다가 순간 정지시킨 뒤에 소리를 내어 쏘는 방법이다.

여기에서 중요한 것은 눈의 촛점으로 라이플 사격과는 반대로 클레이 방출점에 두는 것이다. 구체적으로는 총을 내리면서 촛점을 조성에서 방출점으로 옮겨간다. 이렇게 하면 클레이가 날아가는 것을 쫓아 촛점은 무리없이 클레이와 함께 이동한다.

총구를 멈추는 것은 '순간'이라고 했는데 길어도 1초를 넘어서는 안된다. 인간의 몸을 완전히 정지시킬 수는 없고 이것을 강하게 정지시키려고 하면 정에서 동으로 움직일 때에 동요가 일어나 스므스한 이행을 방해하기 때문이다. 이것은 정지의 시간이 길어지면 길어질수록 영향이 크므로 콜의 결단을 내릴 수 없는 경우는 총구를 들고 다시 해야 한다.

또 총구를 멈추지 않고 정지 위치에 대었다면 머뭇거리지 말고 소리를 지르는 것이 좋은 방법이다. 실제로는 이 방법에서도 순간 총이 멈추지만 사수의 감각으로는 동에서 동으로 이행하고 있는 느낌이므로 동 → 정 → 동이라는 심

총구를 멈추지 않고 정지 위치에 대었으면 머뭇거리지 말고 소리를 내어 사격한다.

리적으로 변화를 피할 수 있는 가장 바람직한 방법이다.
　좀더 숙련된 사수가 되면 총구를 정지위치에서 조금 빗겨 가볍게 본래 지점으로 되돌리는 것과 동시에 소리를 내는 방법도 취할 수 있다. 그러나 이 방법은 초보자에게는 무리이므로 처음에는 기초를 지켜 스타트해야 한다. 어떤 방법에 의하든지 눈의 촛점은 반드시 클레이를 쫓아야 한다는 것을 잊어서는 안된다.

5. 스윙기 기본

　사수의 콜로 클레이가 날아 나오므로 그것을 쫓아 쏘는 것인데, 총의 스윙을 개시하는 요령으로써는 '서둘지 말고, 굳히지 말고, 스무스하게'라고 할 수 있을 것이다.

사수의 콜로 클레이가 날아나오고 그것을 쫓아 쏜다.

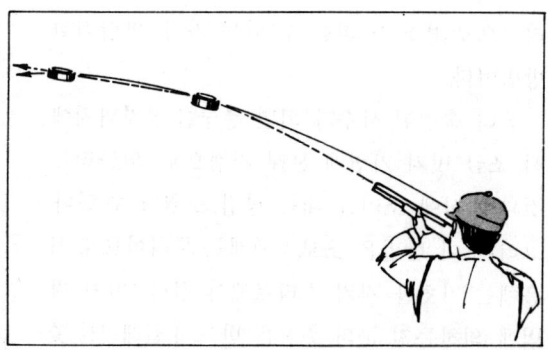

스윙의 기본①. 클레이를 폴로우 드루한 순간에 쏜다.

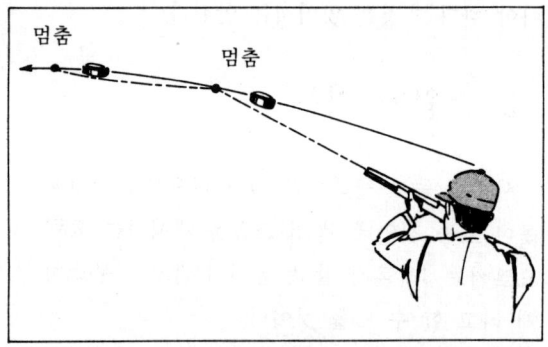

스윙의 기본②. 빠른 스윙으로 기다렸다 쏘기.

멈춤   멈춤

트랩의 경우 클레이의 방향이 일정하지 않아 빨리 쏘는 것이 유리하다고 하여 소리를 내어 방출되어진 클레이를 필요 이상으로 서둘러 쫓는 경향이 강한 것 같다. 그 결과 초보자 대부분이 클레이를 추월하여 총을 멈추고 기다렸다가 쏘는 가장 피해야 할 방법으로 쏘아 버리는 것이다.

이것을 피하기 위해서는 다소는 늦는 것을 각오하고 침착하게 클레이를 쫓는 연습을 쌓아 점차 빨리 쏘도록 해나가야 무리가 없다. 자주 선배 등으로부터 '좀더 빨리 쏴'라는 말을 들어 그대로 하여 흔들리는 케이스를 볼 수 있다. 이것은 빨리 쏠 수 있을 정도의 기술이 몸에 배

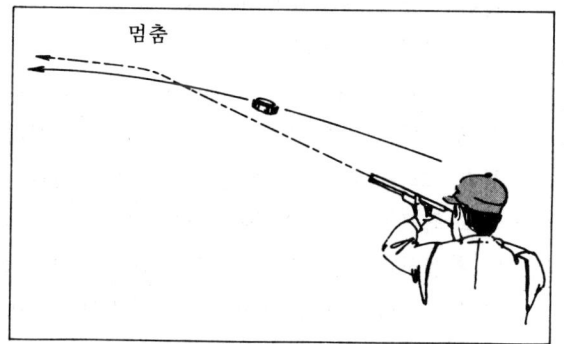

스윙의 기본③. 빠른 스윙으로 클레이를 추월하고 스윙이 늦은 리드 슈트로 들어간다. 총은 반드시 멈춘다.

지 않았는데 무책임한 주위의 지도로 기초가 곧 무너져 버리는 가장 나쁜 예이다.

요컨대 클레이를 빨리 잡을 수(가를 수) 있게 되기 위해서는 시간이 걸리는 것이다. 그것을 서둘러서 쏘는 연습 방법은 기본을 무시한 방법이라고 할 수 있다. 그와 같은 가르침은 무시하고 마인드 페이스로 클레이를 잡는 거리를 좁혀 가도록 해야 하는 것이다.

구체적으로는 클레이가 나와도 그다지 빠르게 느껴지지 않으면 그 시점에서 의식적으로 조금 앞에서 잡는 것처럼 연습하면 좋을 것이다.

아뭏든 트랩의 총의 스윙은 서둘지 않는 것이 가장 중요하다. 이것은 스키트에서도 공통적인 것이지만 특히 트랩은 쫓아 쏘기가 되기 때문에 소리를 내어 클레이가 나온 순간 멀어져 가는 것처럼 느껴져 서둘러 총을 스윙하여 쫓으면 예외없이 총의 스윙 쪽이 빠르기 때문에 클레이를 추월해 버리므로 스윙을 느슨하게 해야 하는 것이다.

여기에서 스키트 항에서 '빠른 스윙에서 느린 스윙으로 이동하면 반드시 멈춘다'라고 서술했던 것을 떠올리기 바란다. 이것은 트랩에도 들어맞는 것이다.

서둘러서 스윙을 개시하여 추월했을 때 당길 수 없으면 그것은 스윙의 스로우 다운을 의미한다. 그 결과는 멈춤이나 그에 가까운 상태가 되고 최근의 빠른 클레이에서는 뒤를 쏘는 것이 확실하다. 이것을 피하기 위해서는 서둘지 말고 천천히 스윙을 개시하고 스무스하게 가속하면서 클레이를 겨냥하여 당겨야 할 것이다.

이 천천히 가속하는 스윙을 하면 그 동안에 클레이도 잘 볼 수 있으므로 그런 의미에서도 서둘지 않게 된다. 또 그 결과 자세도 잘 무너지지 않으므로 안정되게 클레이를 쫓게 되는 것이다.

이렇게 하여 연습하는 중에 자연히 스윙의 가속이 빨라지고 가까이서 클레이를 잡을 수 있게 된다.

6. 트랩 클레이 쏘는 방법

그러면 실사로 들어가겠는데 트랩 사격의 쏘는 방법은 폴로우 드루 슈트 뿐이다 라는 것을 알아두기 바란다.

이것은 당연한 것으로 클레이가 날으는 코스가 일정하지 않으므로 날아 나오는 클레이를 쫓아 폴로우 드루하면서 방아쇠를 당기는 방법 이외에 없는 것이다. 최고 베테랑 사수가 총구를 높이 대고 클레이의 비행예정선에 근접할 수 있도록 자세를 갖추어 쏘는 방법을 연습하고 있다. 이것은 폴로우 드루에 리드 슈트를 가미

트랩 사격의 쏘는 방법은 폴로우 드루 슈트 뿐이다.

한 사법인데 이와 같은 사법을 실시할 수 있는 것은 중급 이상의 사수이고, 게다가 이 사법은 완성되었다고는 할 수 없는 요소가 있으므로 초보자는 절대로 채용해서는 안된다. 어디까지나 트랩은 폴로우 드루 슈트로 쏜다는 것을 지켜주기 바란다.

그런데 실사에서 사격대에 서서 보면 비교적 많은 사람이 날아 나오는 클레이의 앞에서 스윙하여 기다렸다가 쏘거나 폴로우 드루한 뒤에 스윙을 늦추어 리드 슈트를 하거나 하고 있다.

물론 이것도 맞출 수 있는 경우가 있으나 결코 안정된 스코어를 낼 수 없고 능숙해지는 데에도 한계가 있다. 본래는 트랩에서는 어느 정도 위나 앞을 쏘아야 한다 라고 생각하지 말고 폴로우 드루의 사법에 철저를 기해야 한다. 어느 정도 리드할 것인가는 폴로우 드루하는 스

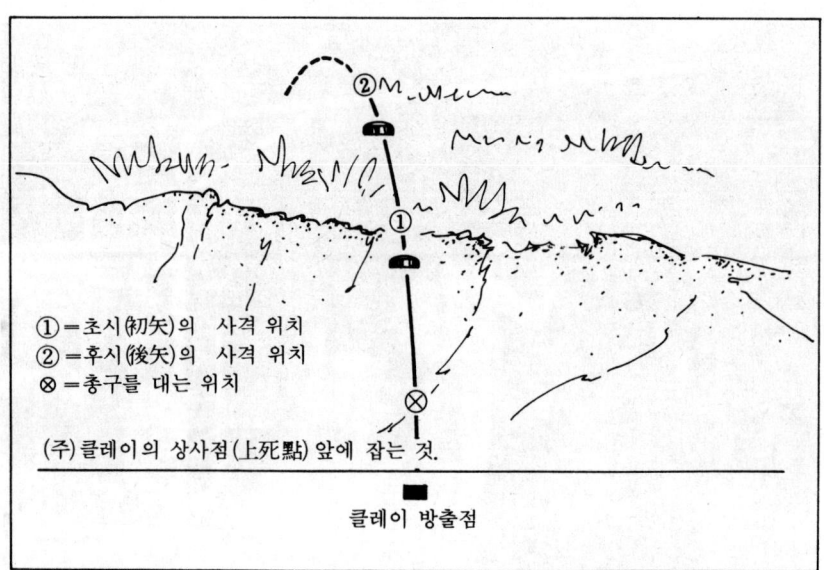

① = 초시(初矢)의 사격 위치
② = 후시(後矢)의 사격 위치
⊗ = 총구를 대는 위치

(주) 클레이의 상사점(上死點) 앞에 잡는 것.

클레이 방출점

정면의 하이 클레이

윙의 빠르기로 정해지므로 스윙과 방아쇠를 당기는 타이밍으로 연습해야 하는 것이다. 이런 의미에서도 트랩은 스키트 보다도 더욱 당기는 결단력을 요구하는 사격이라고 해도 좋을 것이다.

정면의 하이 클레이

이 클레이는 올라간다. 따라서 상승하는 클레이를 보고 쏘면 아래를 쏘아 빗나가게 되어 초보자에게 있어서는 이것이 어려운 점이다.

트랩의 세오리로써 빨리 잡는 것 보다 좋은 일은 없지만 클레이가 보이고 있는 중에 당겨서는 안된다. 벤드가 깊은 총이라면 클레이를 쫓아 총구를 올리고 총구에 가려진 순간에 당기는 타이밍으로 좋을 것이다. 그러나 그다지 깊지 않은 벤드의 총이나 뻗쳐 버렸을 때는 총

클레이 사격장은 교외의 공기가 좋은 곳에 많다. 가족끼리 외출하는 것도 즐거운 일이다.

구로 가려진 동안 스윙을 가속하면서 방아쇠를 당기면 총도 멈추지 않고 리드도 충분하여 명중된다. 그러나 처음에는 클레이가 보이지 않으므로 당황, 순간 총을 멈추고 아래를 쏘아 실패하는 경우가 대부분이다. 어디까지 총구로 가리고 멈추지 않고 당기느냐 이것이 요령이다.

리드양은 표준 벤드의 총에서는 클레이의 직경 3매분이라고 생각하면 된다.

이것으로 가를 수 없으면 클레이는 다시 총구 위에 모습을 나타낸다. 그러나 코스는 상사점에 가까워져 있으므로 리드는 위에 클레이 2매분 정도 적어져 있어 얕은 벤드라면 클레이가 보일 듯 말 듯한 정도라도 잡을 수 있게 된다. 그러나 안정을 찾고 역시 감추고 쏘는 편이 무난할 것이다. 이 클레이는 너무 위를 쏘

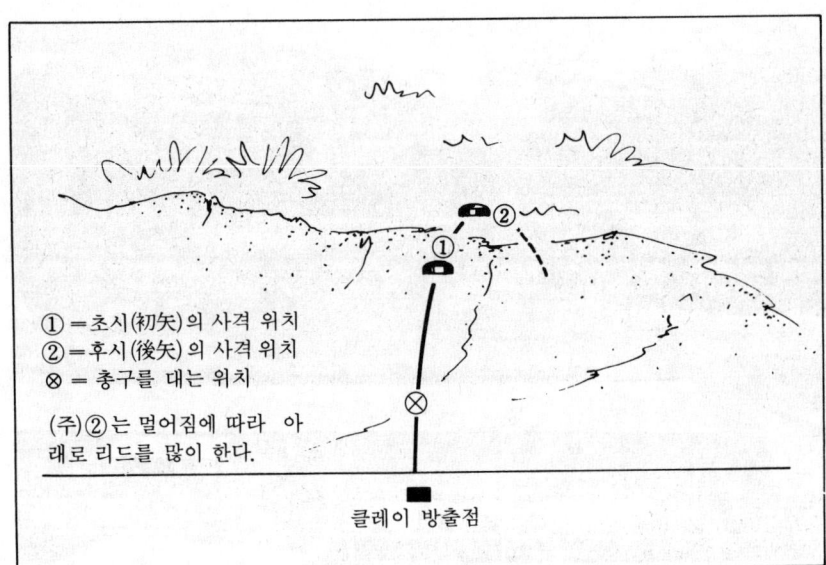

①＝초시(初矢)의 사격 위치
②＝후시(後矢)의 사격 위치
⊗＝총구를 대는 위치

(주)②는 멀어짐에 따라 아래로 리드를 많이 한다.

클레이 방출점

정면의 로우 클레이

는 일은 그다지 없는 것이다. 표준 벤드라면 역시 클레이를 쫓아 총구로 가리고 쏘아야 한다. 이것에서 알 수 있듯이 정면의 하이 클레이는 리드를 파악하는 것이 곤란하므로 총구로 클레이를 덮어 가리고 뒤에 당기는 타이밍의 습득에 노력해야 한다.

정면의 로우 클레이

이 클레이는 쏘는 타이밍이 정해지면 그다지 어렵지는 않지만 빨리 쏘거나 늦게 쏘거나 하면 리드, 즉 겨냥점이 크게 변하므로 어려워지는 클레이이다. 이것은 방출된 클레이가 조금 날면 곧 하강 커브로 들어가 지상 쪽으로 코스가 변화하기 때문에 항상 상승 코스에서 잡는 것이 좋은데, 조금 늘리면 곧 하강으로 들어가 리드가 위에서 아래로 반대가 된다.

초보자의 연습으로써는 상급자 보다 다소 늘려 상사점에서 하강에 들어가는 단시간의 수평에 가까운 비행선 코스에서 잡도록 한다. 이 경우 리드는 거의 필요없고 클레이 그 자체를 겨냥하도록 한다. 이 이전에 잡으려면 가까워짐에 따라 클레이를 총구로 가리듯이 한다. 벤드가 얕은 총은 이 보다 약간 아래를 쏜다.

아뭏든 총의 스윙양이 극히 조금이므로 방심하면 베테랑이라도 총을 멈추게 되므로 충분히 주의해야 한다.

이 클레이는 상당히 빨리 쏘는 사람이라도 겨냥점은 아래가 된다. 클레이의 두께 2, 3매가 리드라고 생각하고 침착하게 스윙을 윗쪽에서 아래 방향으로 바꾸어 쏘기 바란다. 클레이와 조성의 위에 조금 공간을 보면서 총을 멈추지 말고 당기면 반드시 명중한다.

왼쪽 하이 클레이

왼쪽은 비교적 쉬운 클레이이다. 이 말은 왼쪽으로의 몸의 회전은 비교적 스무스하게 할 수 있기 때문이다(왼손잡이는 반대). 허리를 돌리면 왼손을 당기는 것이 일치하여 스윙은 초보자라도 어렵지 않다.

일반적인 주의로써는 빨리 쏘는 경우는 상당한 상승 커브이므로 '스키트는 높이, 트랩은 아래로'라는 것에 얽매이지 말고 상승 커브의 예정선을 겨냥하여 당기는 것이다. 말하자면 스키트다운 클레이라고 해도 좋을 것이다.

이 경우 리드는 코스 위에서 클레이 5매분 정도로 역시 1매 직경 정도 위를 쏜다. 그러

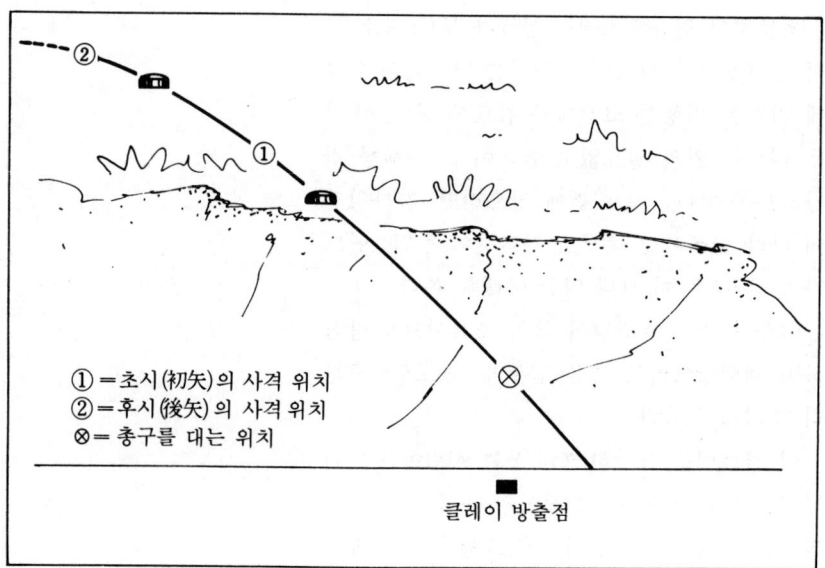

① = 초시(初矢)의 사격 위치
② = 후시(後矢)의 사격 위치
⊗ = 총구를 대는 위치
클레이 방출점

왼쪽의 하이 클레이

나 이것은 어디까지나 폴로우 드루 슈트이므로 너무 리드양에 구애되면 리드 슈트와 같은 쏘기가 되어 버린다. 이것은 스윙의 스피드가 너무 **빠른** 경우에 일어나기 쉬운 현상으로 총이 클레이를 추월하여 리드 슈트로 이동해 버려 리드를 조정하면서 쏘게 되는 것이다. 만일 그렇게 되면 리드는 배 정도 잡아야 한다. 이 말은 여기에서도 **빠른** 스윙이 스로우 다운하므로 아무래도 멈추는 느낌이 들기 때문이다.

또 이 클레이는 초시를 놓쳐도 반드시 당황할 필요는 없다. 이 말은 비행 커브가 하강에 들어가는 것이 느리기 때문에 침착하게 다시 겨냥하여 당길 수 있다는 것이다. 리드는 각도가 깊으므로 다소는 적어지지만 너무 신경쓰지 말고 힘껏 쏘면 된다.

이상은 표준 벤드의 총으로 쏘는 것이고 얕

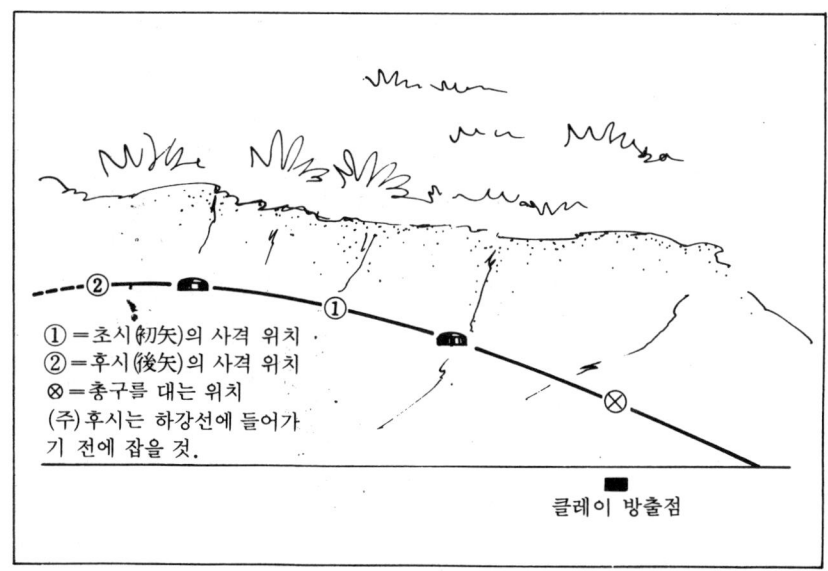

왼쪽의 로우 클레이

은 총으로는 클레이를 쫓아 예정 코스의 다소 아래를 겨냥하는 것이 좋을 것이다. 그러나 너무 의식하면 클레이의 아래를 쏘아 버리므로 주의가 필요하다.

왼쪽의 로우 클레이

같은 왼쪽이라도 왼쪽 로우는 상당히 어려운 클레이이다. 왜냐하면 스피드도 올라가므로 속도가 가해져 사수의 눈에 들어오는 대지 배경이 가까워지기 때문에 스피드감이 증가하는 것이다. 게다가 이것은 방향에 관계없이 공통적으로 말할 수 있는 것인데, 낮은 클레이는 바람의 영향도 받기 쉽고 코스가 변화하는 것도 기상상태에 따라 어려워지는 요소이다.

그러나 바람은 별도로 하고 정상 코스로 날으는 경우, 이 클레이는 보기 보다 용이하게 쫓을 수 있다. 이 말은 코스가 비교적 낮은 스트레이트에 가까워 왼쪽 스윙이라면 비교적 초보자라도 편하게 스무스하게 쫓을 수가 있다. 따라서 스윙이 빨라지므로 클레이를 추월하기 쉬운데 여기에서 기다리는 것은 금물이다. 코스 위를 조성으로 쫓아 클레이를 겨냥한 다음 클레이의 직경 5, 6매의 리드로 방아쇠를 당기도록 한다. 맞아도 코스가 상승을 하면 그 만큼 조금 윗쪽으로 스윙하는 것도 잊지 않도록 한다.

후시는 리드양이 같다고 생각하고 상사점에서 하강으로 들어가기 전에 취하도록 한다. 따라서 초시는 가능한 빨리 쏘도록 하지 않으면 후시가 늦어지게 된다.

또 벤드가 얕은 총으로는 조성과 클레이와의 사이에 조금 공간을 비우면서 스윙한다. 즉 조금 아래를 겨냥하여 쏠 필요가 있다.

오른쪽의 하이 클레이

소수파인 왼손잡이 사람들에게는 반대가 되지만 오른손잡이인 사수에게 있어서 오른쪽으로 나오는 클레이는 보다 어렵게 여겨지며 또 사실이 그렇다고 해도 좋을 것이다.

그 이유는 총의 스윙을 허리로 실시하지 않고 상체, 특히 어깨의 회전으로 실시하기 때문이다.

게다가 총을 보내는데 어깨로 하지 않고 왼팔로 밀듯이 스윙하는 사람을 볼 수 있는데 이와 같은 사람은 허리의 회전이 결정적으로 나쁜 견본이라고 해도 좋고 스무스한 총 보내기

① = 초시(初矢)의 사격 위치
② = 후시(後矢)의 사격 위치
⊗ = 총구를 대는 위치
(주) 초시와 후시의 리드는 그다지 변함이 없다.

클레이 방출점

오른쪽의 하이 클레이

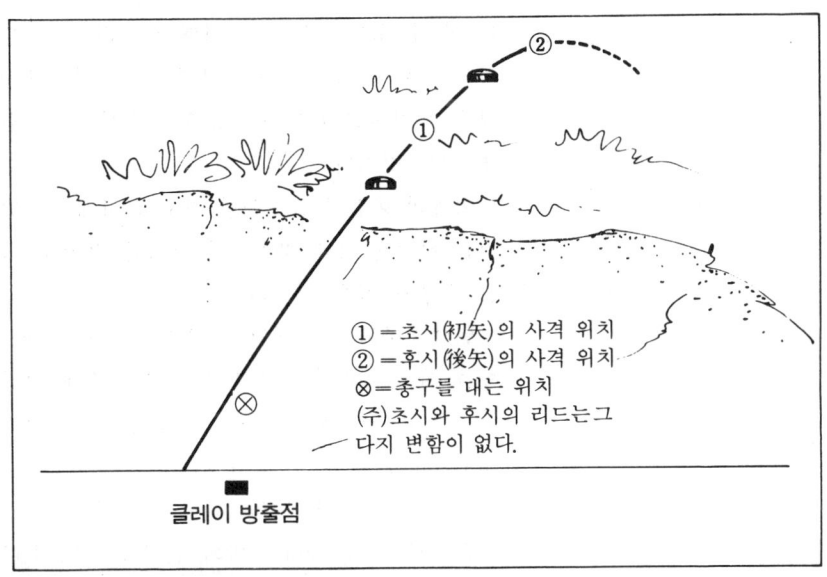

사진 上下: 78 세계 사격 선수권 대회 클레이 사격경기의 스냅(한국)

는 할 수 없다. 또 왼쪽 어깨를 내리고 스윙하는 사람도 있는데 양쪽 어깨는 어디까지나 수평을 유지하면서 보내지 않으면 위를 쏘기 쉽게 되는 것이다.

어깨의 회전이 불충분한 경우의 자세의 원인은 하반신 특히 양발의 불필요한 긴장에 있는 경우가 많은 것 같다.

릴렉스하고 사격대에 서 있는 기분이더라도 총을 들고 소리를 내기까지 무의식 중에 긴장하므로 이 근육의 긴장을 풀지 않으면 허리는 스무스하게 돌릴 수 없다. 클레이를 내는 소리를 지르기 직전에 의식적으로 약간 무릎을 느슨하게 하고, 특히 축발의 긴장을 풀며 소리를 지르는 것도 효과가 있을 것이다. 아뭏든 오른쪽의 클레이는 연습을 쌓는 것이 중요하다.

바람의 영향을 생각하면 클레이 속도는 같으므로 원칙적으로는 리드양이 왼쪽으로의 클레이와 같다.

그러나 스윙 방향이 저항감이 있는 오른쪽이므로 다소는 많이 왼쪽 보다 클레이의 직경으로 1매 정도 여유있게 취하는 편이 좋을 것이다.

단 이 방향의 클레이는 클레이를 분명히 보고 당기면 클레이의 아래 내지는 후방을 쏘는 것이 된다. 코스에서 말하자면 적정한 리드를 취한 때 총구가 방해가 되는 느낌으로 클레이가 잘 보이지 않는다고 해서 머뭇거리면 총은 멈추어져 버린다. 여기서도 결단력 있게 클레이를 겨냥했으면 힘껏 당겨야 하는 것이다.

이 코스의 클레이는 거리에 따라서는 리드

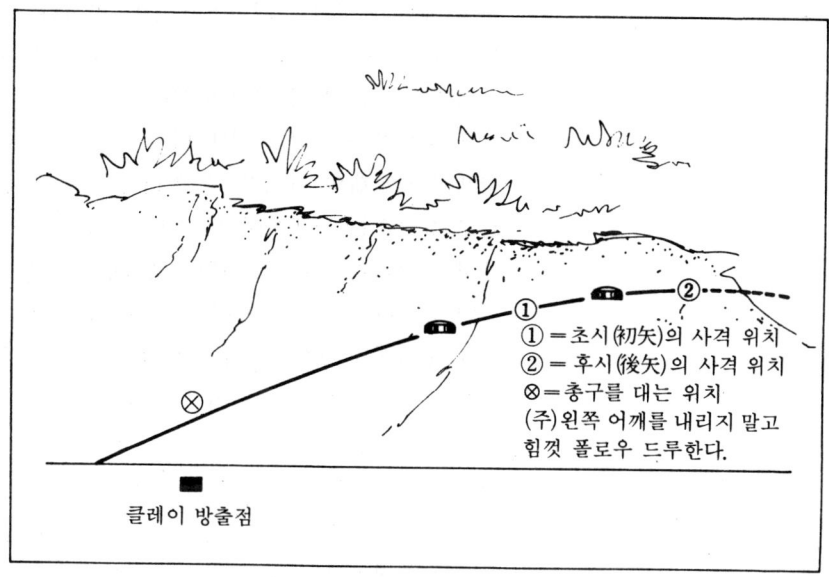

오른쪽의 로우 클레이

양이 그다지 변화하지 않는 것이 특징이다. 그러므로 후시도 초시와 마찬가지로 스윙을 스로우로 하지 말고 폴로우 드루하여 당기기 바란다.

오른쪽의 로우 클레이

이 클레이도 그다지 리드에 변화가 없는 것이 특징이다. 그리고 왼쪽 보다도 다소 리드를 많이 잡는 편이 좋다는 것도 오른쪽 하이 클레이와 마찬가지이다.

단, 자세에 대해 말하자면 오른쪽 하이 클레이 보다도 더욱 무너지기 쉬운 클레이이므로 그 점은 충분히 주의하고 연습에서도 그것에 중점을 두도록 권하는 바이다.

일반적으로 이 클레이에 고민을 하고 있는 사람을 보면 왼쪽 어깨를 내리고 힘주어 스윙을 하여 빗나가 버리는 케이스가 많은 것이다. 이렇게 하면 하이 코스가 아니므로 낮게 날으는 클레이의 위를 쏘게 되어 버린다.

또 오른쪽 하이 클레이에 비해 오른쪽 로우 클레이는 트랩의 세오리, 즉 빨리 쏘는것을 제일로 요구하는 클레이이기도 하다. 왼쪽의 경우와 마찬가지로 하이 클레이 보다도 스피드감이 증대하고 하강에 들어가는 것도 빠르기 때문에 후시의 리드를 위 내지 수평으로 쏘기 위해서는 일찌기 초시를 당겨야 한다.

이것으로 알 수 있듯이 오른쪽 하이 클레이에 비해 리드도 다소 많은 편이 좋을 것이다. 또 코스가 낮으면 리드도 증가하는 것이 이 클레이의 특징이기도 하므로 이것도 고려하여 폴로우 드루 후의 당기는 타이밍을 연습하기 바란다.

7. 초시와 후시의 밸런스

트랩은 1매의 클레이를 2 발로 가르면 득점이 된다. 따라서 초시를 미스했으면 후시는 더욱 중요한 사격이 되는 것이다. 그러나 어느쪽이 중요한가 하는 것은 말할 수 없는 성질의 문제로 어느쪽이든 확실하게 잡을 수 있으면 명중률은 100%가 되는 것이다.

그러나 실제문제로써 트랩에서 초시가 중시한지 또는 후시가 중요한지는 그 개인의 문제이며 국제급 선수들도 각각 생각이 다른 것 같다.

그러나 기본적인 사고 방식으로써는 트랩도

사격인 이상 초시를 쏠 수 있는 것을 중시하여 연습에 들어가야 할 것이라고 나는 생각한다. 한발을 중요시하는 사격 이것은 움직일 수 없는 기본이라고 생각해야 한다. 이상적으로는 한발 필중이다.

그러나 실제로는 그렇게 할 수는 없고 실중은 후시로 잡지 않으면 안된다. 그러므로 너무 초시에 얽매이면 후시로의 집중이 늦어지고 특히 최근의 빠른 클레이에서는 절망적으로 늦어지는 경우가 적지 않다. 그러므로 초시가 어느 정도 맞으면 후시로도 맞출 수 있는 여유가 생기고 그 때면 초시와 후시로 연속하여 쏘는 방법으로 들어가는 것도 유효한 방법이다.

초시를 당겼으면 곧 후시를 당기는, 즉 2발의 패턴과 콜론(산탄의 전후로의 뻗음)으로 클레이를 잡을 수 있는 사법이다. 이 사법의 좋은 점은 총이 멈추기 어렵다는 것인데 한편 후시의 조준이 조잡해진다는 결점도 있다. 그것을 생각에 넣어 두기 바란다. 사격장에서는 초시의 명중 여하에 관계없이 2발 연속하여 쏘아 연습하고 있다.

그런데 트랩의 세오리는 빨리 쏘는 것이었다. 그러므로 초시를 쵸크가 약한 총으로 생각하여 빨리 쏘고 후시를 일반 초시 보다 조금 늦은 정도로 쏘는 방법이 있다.

이것은 후시를 중시한 사법으로 초보자가 이 방법으로 갑자기 들어가는 것은 무리일 것이다.

① ② ③

사진 ①~⑤=극단적인 해드 업의 예. 1발째 다음 머리를 들어 클레이를 보고, 또 뺨 대기로 들어가 클레이를 쫓는다. 최초의 뺨 대기가 좋지 않으면 2발째는 더욱 나빠져 해드 업도 일어나기 쉽다.

8. 후시(後矢)를 쏘는 방법

후시의 경우 주의해야 할 것은 해드 업에 의한 뺨 붙이기가 떨어지는 것이다. 반동의 쵸크로 다소는 누구나 뺨 대기가 느슨해지지만 곧 다시 단단하게 뺨 대기로 돌아가야 한다. 그러나 불충분한 뺨대기를 하면 그대로 해드 업하여 쏘게 된다. 그리고 해드 업을 하면 클레이를 눈으로 두리번두리번 쫓아 해드 업이 더욱 증폭되는 것이다. 이렇게 되면 총은 겨냥점도 어려워지고 명중은 바랄 수 없게 될 것이다. 이것은 옆에서 누군가에게 보아달라고 하면 곧 알 수 있는 것으로 연습 중에 끊임없이 주의해야 할 것이다.

다음에 후시의 구체적인 연습법으로써 초시로 가는 클레이의 파편을 쏘는 방법이 있다. 룰로써는 눈으로 볼 수 있는 파편이 날면 득점이 되며, 후시는 불필요하지만 연습에서는 큰 파편이 있으면 그것에 상관하지 않고 쏘는 것이다. 이 때 복수의 파편이 있으면 총의 스윙

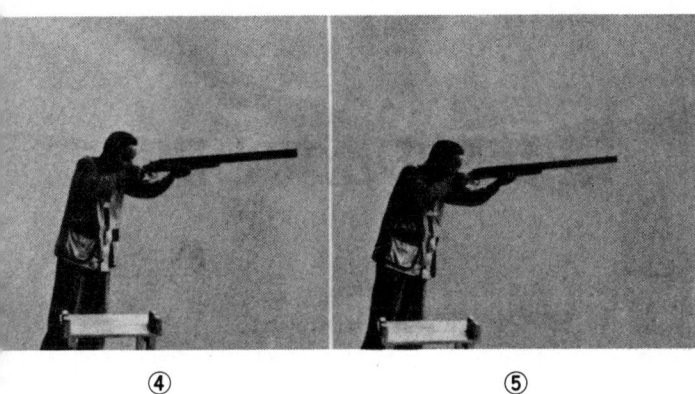

④　　　　　　　　⑤

　방향에 가까운 것을 쏘면 좋은 연습이 된다.
　그런데 국제 룰의 클레이는 특히 트랩은 빠르기 때문에 어렵다고 기술했다. 분명 그 말대로 현재의 클레이는 초보자는 좀처럼 가르기가 어렵다. 그러므로 트랩의 경우도 연습은 평일날을 선택하여 사격장이 비어 있을 때에 코스를 별로 변화하지 말고 스피드도 늦게 하여 연습하는 것을 권하고 싶다.
　처음부터 너무 어려운 클레이를 쏘면 그것이 잘 맞지 않는 것에 실망하여 포기해 버리게 될 것이다. 어떤 스포츠나 마찬가지이지만 처음에는 누구나 초보자이다. 그러므로 초보자에게 적합한 연습방법으로 시작해야 하는 것이다.
　또 이와 같은 초보자의 요구에 대해 사격장의 담당자도 가능한 그 요구에 따라 열어 주어야 할 것이다. 다소의 귀찮은 점은 있겠지만 결국에는 그것이 클레이 사격의 애호자를 늘리는 길의 하나라고 생각해야 할 것이다.

제11장

총·장탄 소지와 구입

1. 총의 소지와 구입

 어느 나라나 총과 장탄의 소지나 구입에는 그 나름대로의 법률이 정해져 있다. 이것은 총이라는 것은 경기 선수에게 있어서는 단순히 스포츠에 지나지 않지만 취급에 따라 흉기가 되는 성질도 숙명처럼 갖고 있기 때문일 것이다.
 따라서 사격이나 수렵을 즐기는 이상 그것이 흉기가 되지 않도록 법률을 정한 것은 사회가 그것을 요구하고 있기 때문으로 주위에 작은 불안이라도 주지 않는 것이 중요하다. 사격을 하는 사람에게 있어서는 스포츠맨쉽이 제일보라고 해도 좋을 것이다.
 총기 소지에 관한 법률은 우선 총포의 소지를 금하고 사격, 수렵, 유해조류 짐승 제거 등을 실시하는 사람에게 소지를 인정한다는 형식을 취급하고 있다. 따라서 단지 총을 좋아하여 지닌다거나 취미 등으로 모으는 것은 허가되지 않는다.
 이 책의 독자의 경우는 클레이 사격을 목적으로 하여 소지하고 있을 것이므로 소지는 합법적인 목적으로써 문제가 없다. 단 누구나 소지할 수는 없고 주소부정이나 마약이나 알콜 환각제 등의 중독 환자 그리고 폭력단체의 구성원 등 요컨대 총을 가지고 있으면 위험한 인물은 제외이다. 이것을 다른 말로 표현하자면 사격과 수렵을 하기 위해서라만 선량한 성년의 일반시민은 누구나 총의 소지를 인정받을 수 있다는 말이 될 것이다. 그리고 사실 그대로이다.

총의 소지 허가를 받는 첫째는 각 시도군의 공안위원회가 개최하는 「엽총 등 강습회」를 수강하는 것이 스타트이다.

이것은 실제로는 주소지의 소괄 경찰서 보안계에 수강 신청을 신청하는 것이다. 단 강습회는 매월 개최되는데 여러 서가 순회로 개최하기 때문에 주소지와는 별도로 다른 소괄서가 되는 경우도 있다.

이 강습회는 총을 지님에 있어 알아두어야 할 총도법이나 화약류 취급법의 법령관계와 총의 종류나 구조 그리고 취급법이나 주의사항 등 소지에 필요한 최소한의 지식을 얻을 수 있는 장소이다. 강습회 뒤에 간단한 고사가(考査) 가 있는데 내용은 그다지 염려할 정도는 아니고 사전에 나누어 준 텍스트를 읽고 강습을 잘 들으면 합격은 문제 없을 것이다.

강습을 받고 고사에 합격하면 수강수료증이 교부된다. 이 수료증이 이후 총의 소지허가를 신청하는데 반드시 필요하므로 분실하지 않도록 주의하도록 한다. 이 증서의 유효기간은 3년으로 (총의 소지 허가의 유효기간과 같다) 계속해서 총을 소지하는 경우에는 다시 강습을 받아야 한다. 또 이 갱신을 위한 강습에서는 시험은 보지 않는다.

수강수료증이 손에 들어오면 드디어 총을 구입하는 것인데 실제로 총을 자신의 것으로 하기 위해서는 총포점에서 사기로 한 총에 대해서 우선 소지허가를 신청해야 한다. 신청에 필요한 용지는 총포점에 준비되어 있는데 다음과 같은 것이다.

1. 총포소지 허가 신청서
2. 동지친족서
3. 양도승락서
4. 의사의 진단서
5. 주민증록증 사본 또는 외국인 등록 증명서
6. 엽총 등 강습과정 수료 증명서
7. 사진

제출 서류의 부수는 각 시도에 따라 다른 경우가 있으므로 사전에 총포점에 물어 잘못이 없도록 한다.

이상 필요 서류를 갖추어 소괄 경찰서에 제출하면 그에 따라 경찰은 결격 사유의 유무를 심사한 후에 가소지허가증을 발행해 준다. 경찰로부터 통지가 있고 가소지허가증을 받으면 드디어 총포점에서 총을 받을 수 있는 것이다. 현재 대부분의 총포점에서는 소지허가를 신청하기 전에 살 총을 정하게 하고 그때 계약금을 받고 인도할 때 잔금을 계산하는 방법을 취하고 있으므로 그 때 돈을 지불하면 총은 드디어 자신의 것이 되는 것이다.

그런데 총포점에서 받은 총은 한번 경찰에 가

지고 가서 확인을 받아야 한다. 그 총이 신청한 총과 다름 없는가를 확인하는 것으로 이것은 인도 받은 다음 14일 이내로 정해져 있다.

그런데 이 시점에서는 소지허가가 '가(可)'가 되어 있다. 이것은 운전면허에서 말하자면 '가면허'와 같은 것으로 총의 소지의 경우는 이후 4개월 이내에 지정된 사격장에서 기술 교습과 점검을 받아야 한다.

이를 위해 가소지허가를 받고 총이 건네지고 확인을 받았으면 장탄 구입을 위한「화약양수허가서」를 받는다. 그리고 장탄을 사서 지정의 사격장에서 사격지도원의 교습과 검정을 받는 것이다.

이것은 최초에 총을 소유할 때에만 실시하는 것으로 2번째 총부터는 필요 없다.

교습사항은 ①기본 취급 ②위험예방과 일반주의 ③총의 분해결합과 조작 ④장탄의 장진탈포 ⑤사격자세 ⑥사격동작 등에 관해 실시한다.

이 교습에 바람직한 기본적인 사고방식으로써는 총의 위험한 취급을 하지 않는 것이다.

예를 들면 총을 꺾지 않고 갖고 걷는다거나 (2연총인 경우) 자동총이나 스라이드 액션총의 유우저를 열고 갖고 옮기거나 총구를 사람이 있는 방향으로 향하거나 총을 들 때 방아쇠에 손가락을 넣거나 하는 등의 일을 하지 않는 것이 중요하다. 이 말은 교습검정은 감점법으로 감점이 20점을 넘으면 실격이다. 물론 점검을 패스하기만 하면 좋다는 것이 아니고 총을 소지하는 이상은 꼭 엄수해야 할 것으로 기억해 두어야 하는 것이 중요하다.

검정의 실기는 자신의 희망대로 트랩과 스키트 어느 것이든 선택할 수가 있다. 자신에게 맞는 것을 선택하면 좋을 것이다.

2. 장탄의 구입

다음에 사격에 필요한 장탄의 구입방법인데 이것은 경찰로부터 교부받은 화약양수허가서를 갖고 총포화약점(화약류의 판매도 하고 있는 총포점)에서 구입하면 좋은 것이다. 건네받을 때 판매점에서 구입한 장탄의 수량, 종류를 기입해 주므로 양수허가의 수량이 차면 이것을 경찰에 반납하여 다음 허가서를 발행해 받도록 해야 한다.

3. 기능 검정 및 고사의 준비

총도법의 개정으로 총을 소지하려는 경우(이전에 갖고 있던 것이 있는 경우도 해당한다.)는 가소지의 4개월 동안에 기능 점검 또는 고사를 치루어 이에 합격하는 것이 의무지워져 있다는 것은 앞에서 서술한 대로이다.

기능점검은 경찰관이 실시하고 고사는 민간의 교습사격 지도원에 의해 실시되고 있는 것이다. 점검은 그 이전에 총소지의 경험이 있는 등 기능에 자신이 있는 사람이 받고 고사는 25발 이상 사격교습을 받은 후에 받는 것으로 일반적으로는 이것을 받게 될 것이다. 점검·고사의 내용은 거의 같고 법적 효력도 동등하다.

고사는 정확하게는 사격교습고사라고 하는데 지정된 교습 사격장에서 교습 사격 지도원에 의해 실시된다. 전반은 교습사격으로 25발 이상의 교습을 받는다. 그 후 25발의 실지사격을 실시하고, 트랩이면 2매, 스키트라면 3매 이상 깨면 합격이 된다. 이것은 보통 운동신경 이하라도 우선 염려 없는 점수일 것이다. 또 트랩에서는 방향을 제한하고 스키트도 8번 등 어려운 사격대는 사용하지 않으므로 더욱 그렇다.

그리고 점검·고사 모두 내용은 실기만이 아닌 총의 분해 결합이나 휴행(携行), 조준동작이나 조법에 관해서도 실시한다. 여기에서 가장 큰 포인트는 역시 위험한 조작을 하지 않는 것으로 그 점은 충분히 주의할 필요가 있다. 스키트의 사격에서 조금 익숙한 사람이 총을 꺾을 때에 옆으로 흔들면서 꺾어 케이스를 던지는 것을 보는 경우가 있는데 이런 것은 방향에 따라서는 총구가 사람에게 향하게 되므로 주의가 필요할 것이다.

판권본사소유

현대 사격 교본

2011년 6월 20일 인쇄
2011년 6월 30일 발행

지은이 | 현대레저연구회
펴낸이 | 최 상 일

펴낸곳 | 태을출판사
서울특별시 중구 신당6동 52-107(동아빌딩내)
등 록 | 1973 1.10(제4-10호)

ⓒ2009. TAE-EUL publishing Co.,printed in Korea
※잘못된 책은 구입하신 곳에서 교환해 드립니다

■ 주문 및 연락처
우편번호 100-456
서울 특별시 중구 신당 6동 제52-107호(동아빌딩내)
전화: 2237-5577 팩스: 2233-6166

ISBN 89-493-0311-6   13690

현대인의 건강과 행복을 추구하는
최신판 「현대레저시리즈」

계속 간행중!

각박한 시대 속에서도 여유있게 삽시다!!

현대골프가이드
●초보자를 위한 코오스의 공격법까지를 일러스트로 설명한 골프가이드!

현대요가미용건강
●간단한 요가행법으로 날씬한 몸매, 잔병을낫게 하는 건강비법 완전 공개!

현대태권도교본
●위협적인 발차기와 가공할 권법의 정통 무예를 위한 완벽한 지침서!

현대복싱교본
●복싱의 초보자가 챔피언이 될 수 있는 비결을 완전 공개한 최신 가이드!

현대펜싱교본
●멋과 품위, 자신감을 키워주는 펜싱의 명가이드!

현대검도교본
●검술을 알기 쉽게, 빠르고 정확하게 체득 할 수 있는 검도의 완벽한 지침서!

현대신체조교본
●활력이 넘치는 싱싱한 젊음을 갖는 비결, 현대 신체조에 대한 완전가이드!

현대즐거운에어로빅댄스
●에어로빅댄스를 통하여 세이프업한 체형을지키는 방법 완전공개!

현대보울링교본
●몸도 젊게, 마음도 젊게, 남녀노소 누구나 즐길 수 있는 최신 보울링 가이드!

현대여성헬스교본
●혼자서 틈틈이, 집에서도 손쉽게, 젊은 피부·매력있는 몸매를 가꾸는 비결집!

현대디스코스텝
●젊은층이 즐겨 추는 최신 스텝을 중심으로 배우기 쉽게 엮은 디스코 가이드!

현대소림권교본
●소림권에 대해 흥미를 가지고 있는 초보자를 위하여 만든 소림권 입문서!

현대태극권교본
●천하무적의 권법으로 알려지고 있는 태극권의 모든 것을 공개한 지침서!

현대당구교본
●정확한 이론과 올바른 자세를 통한 초보자의 기술 향상을 목표로 한 책!

현대유도교본
●작은 힘으로 큰 힘을 제압하는 유도의 진면목을 익힐 수 있도록 편집된 책!

* 이상 전국 각 서점에서 지금 구입하실 수 있읍니다.

태을출판사 *주문 및 연락처
서울 중구 신당6동 52-107 (동아빌딩내) ☎ 02-2237-5577